청화 큰스님의 불교핵심교리 설법

우리 시대의
불교 교리

청화 큰스님 지음

상상출판

깨달음은 천지우주와 자기가 하나 되는 일

❀

❀

❀

마음과 부처는 똑같은 것이고 동시에 마음과 부처가 없는 곳은 이 세계 어디에도 없습니다. 그래서 이 세계란 것은 결국 다 부처뿐이고 마음뿐이다, 이렇게 결론을 내릴 수가 있는 것입니다.

세존께서 우리 중생한테 꼭 하시고 싶은 마지막 법문이 무엇인가? 이것은 입불이법문(入不二法門)이라, 그 둘이 아니고서 모두가 다 하나의 도리(道理)입니다.

그 우주(宇宙)에 있는 본래적인 진여불성(眞如佛性) 자리, 우주란 것은 우리가 지금 다 모르고 있지만 그렇더라도 부처님 가르침에서 본다고 생각할 때는 우주 자체가 부처님의 생명으로 충만해 있습니다.

그래서 우리가 공부를 할 때도 자력(自力), 자기 힘만 가지고서 내가 지금 무슨 공부를 하니까 이걸로 해서 내가 꼭 성불을 해야 되겠다, 이렇게 의지를 갖는 것은 좋은데, 우리가 알고 모르고 상관이 없이 우주는 항시 우주의 힘이 지금 부처님의 힘이 넘치고 있단 말입니다. 우주의 힘이란 말이나 부처님 힘이란 말이나 똑같은 뜻입니다. 우주란 것은 무생물이 아닙니다. 우주 자체가 바로 부처님의 생명 덩어리입니다. 하나의 생명이란 말입니다.

따라서 그런 우주 생명이 이 우주에는 끝도 갓도 없이 넘쳐 있기 때문에 그냥 무목적(無目的)으로 있는 것이 아니라 그 목적의식(目的意識)이 뚜렷이 있습니다. 무슨 목적인가? 모든 중생을 다 본래 성품 자리, 우주의 본래 성품이 바로 불성인데 모든 존재를 다 똑같이 불성 자리에 돌아오도록 하는 것입니다.

우리가 사홍서원(四弘誓願) 할 때 모든 중생이 다 성불이 되고, 모든 중생이 다 무량의 부처님 법문을 배우고, 그런 서원이 있지 않습니까. 그런 서원은 우리 개인의 참다운 서원인 동시에 바로 우주의 서원입니다. 우주 목적의 서원, 이것이 이른바 사홍서원입니다.

따라서 그런 서원이 원래 우주에 있기 때문에 우리는 저절로 그런 서원을 지금 타고 있습니다. 그래서 타력 기운은 없는 것을 우리가 끄집어오는 것이 아니라 원래는 우주에 모든 중생을 다 성불로 이끌어가는 그런 기운이 넘쳐 있다는 말입니다. 따라서 그런 기운에 우리가 편승(便乘)을 좀 해야 되겠지요. 이러한 편승하는 기운이 이른바 타력(他力) 공부입니다.

역시 자기 힘이란 것은, 우리가 생각할 때에 자기란 것이 원래 불교에서는 없다고 하지 않습니까. 그러기 때문에 자기 힘이라 해도 자기를 통해서 이루어진 하나의 우주의 힘이라고 볼 수가 있지요. 일체존재가 본래로 부처 아님이 없이 부처와 나와 둘이 아니기 때문입니다.

따라서 그런 부처님의 공덕(功德)을 우리가 꼭 의식해야 됩니다. 끝도 갓도 없이 전개되어 있는 생명의 성품바다 자리 말입니다. 그러기 때문에 우리가 관세음보살(觀世音菩薩)을 염불(念佛)을 왼다 하더라도, 관세음보살이 어디가 모양이 이렇게 한 분이 아주 거룩하게 보인다는 그와 같이 관념해서는 안 됩니다. 그것은 하나의 방편입니다. 그 관세음보살의 자비로운 생명이 우주에 충만해 있다. 불교란 것은 오직 그 우주적인 하나의 생명이니까 말입니다.

우리가 깨닫는다는 것도 꼭 자기 스스로 무슨 성자(聖者)가 되어 가지고 자기가 위대한 사람이 되고 한다는 것이 아닙니다. 천지우주와 자기가 결국 하나가 되는 것입니다.

나무아미타불! 나무아미타불! 나무본사아미타불!

2001년 7월 1일 곡성 성륜사 정기법회
청화 큰스님 법문 中

목차

❀

❀

❀

제1부
어떻게 수행할 것인가

제2부
사성제(四聖諦)와 팔정도(八正道)

제1부
어떻게 수행할 것인가[*]

부처님 법문은 어느 좁은 시야라든가 제한된 그런 자리에서 말씀을 하신 것이 아닙니다. 항시 전체를 보셔서 전체적인 자리에서 말씀을 하셨습니다. 우리가 개인적으로 본다고 생각할 때에 각기 여러 가지로 장애도 있고 또는 불리한 불행도 있으시겠습니다. 어떤 누구나가 한 세상 살다 보면 또는 우리 인간은 원래 제한된 존재이기 때문에 과거 우리가 전생에 지은 바 업장(業障)에 따라서 금생(今生)에 꼭 그대로 받습니다. 선근(善根)을 많이 닦았다고 생각할 때는 금생에 복도 많아서 복을 많이 수용하지만 선근이 어느 정도밖에 안 되면 그 정도에 맞춰서 금생에 생(生)을 받는 것입니다. 그러기 때문에 우리 인간 존재뿐만이 아니라 사람의 안목으로 해서는 볼 수 없는 그런 천상존재(天上存在), 천상존재도 분명히 존재하는 것입니다.

---

* 이 법문은 청화 큰스님께서 2000년 8월 6일 곡성 성륜사 대웅전에서 설법하신 내용입니다.

1. 공의 이치

모든 존재의 바탕에서 볼 때는 사실은 이것은 제법(諸法)이 공(空)이라, 제법공(諸法空)이라, 존재성이 본래 없는 것입니다. 우리 불교(佛敎)에서 부처님 공부를 할 때에 가장 우리가 그때그때 허무감을 느끼고 저항을 느끼는 것은 무엇인가 하면은 자기가 지극히 소중한데 금쪽같은 소중한 자기도 원래 없다고 한단 말입니다. 명명백백히 있는 것을 없다고 합니다.

영가현각(永嘉玄覺) 선사의 『증도가(證道歌)』, 현각 선사 이분도 위대한 조사(祖師)입니다. 조사란 것은 무엇인가 하면은 부처님 법을 흠절이 없이 그대로 계승 발전시키는 스승이 조사입니다.

그런데 이 어른께서 『증도가』라, 도(道)를 조금도 흠축이 없이 깨닫고 그때에 하신 게송(偈頌)이 『증도가』입니다. 증할 증(證)자, 길 도(道)자, 도를 증해 가지고서 하신 법문입니다.

그 법문에 이런 대목이 있습니다. '몽리명명유육취(夢裏明明有六趣)' 하니, 꿈 몽(夢)자 속 리(裏)자입니다. 꿈속에서 본다고 생각할 때는 명명유육취라. 명백하니 지옥(地獄)이나 아귀(餓鬼)나 축생(畜生)이나 또는 아수라(阿修羅)나 인간(人間)이나 천상(天上)이나 이러한 중생계(衆生界)가 분명히 있는 것입니다.

우리가 본다고 생각할 때 분명히 나도 있고 너도 있고 사람도 있고 각 동물도 있지 않습니까. 이와 같이 꿈속에, 우리 중생은 사실은 우리가 생각할 때에 나는 무던히 공부도 했는데 내가 무슨 꿈속에 있을 것인가. 이렇게 느끼실지 모르겠습니다만 사실은 우리 중생은 누구나가 다 꿈속에 있는 것입니다. 꿈속에 있단 말입니다.

그래서 우리 중생이 바로 보지를 못하고 꿈속에서 본다고 생각할 때는 명명유육취(明明有六趣)라, 육취는 우리 중생이 생사윤회(生死輪廻)하는 육도중생(六道衆生)이 육취입니다.

지옥, 아귀, 축생, 수라, 인간, 천상이 육취란 말입니다. 이러한 구분이 분명히 있지만 '각후공공무대천(覺後空空無大千)'이라, 깨달을 각(覺)자, 뒤 후(後)자, 깨닫고 보니까 공공무대천이라. 다 텅텅 비어서 삼천대천세계(三千大千世界)가 아무런 존재성(存在性)이 없단 말입니다. 이렇게 생각할 때 얼마나 허망하겠습니까? 나도 있고 사랑하는 자기 자녀간도 있고 내외간도 있는 것인데 그런 것은 고사하고 모두가 다 아무 것도 없다고 했으니 얼마나 허무한 말씀입니까.

우리 불자님들, 불교를 공부할 때는 아주 더러는 냉철한 판단을 하셔야 됩니다. 왜 그런가 하면 인간의 상식으로 해서는 알 수 없는 그런 말씀이 많이 있습니다. 현재 내가 아주 많이 불행하다, 불행하니까 불행하다고 생각을 하시겠지요.

그러나 차원을 좀 달리해서 천상사람들이 본다고 생각할 때는 내가 지금 느끼는 불행과 똑같이 볼 것인가? 또는 보살(菩薩)들이 본다고 생각할 때는 내 불행을 어떻게 느낄 것인가? 차원에 따라서 차이가 있습니다. 똑같지가 않단 말입니다. 하물며 가장 차원 높은 부처님 눈으로 본다고 생각할 때는 어떻게 볼 것인가? 부처님 눈으로 보는 것이 사실을 사실대로 보는 것입니다. 우리 중생은 사실을 왜곡시켜서 보는 것입니다. 사람만큼, 사람의 업(業)만큼 가려진 견해(見解)로 보니까 내가 있고 네가 있고 좋다 궂다 하는 것이지 차원을 좀 달리해서 본다고 생각할 때는 우리 사람이 보는 그대로 똑같이 보이지가 않는 것입니다. 따라서 우리 중생들은 어느 누구나가 다 좋은 일이나 괴로운 일이나 지금 당한 대로 우리가 느끼는 대로 그것이 사실이 아니란 것입니다.

사실이 아닌 것이니까 우리가 좋다 그래서 너무 좋아할 것도 아닌 것이고 뭣이 잘못된다고 그래서 너무 싫어할 것도 아닙니다. 싫어하고 좋아할 것이 없습니다. 그럼 어떻게 우리가 해야 할 것인가?

제가 어느 스님을 한 7, 8년 전에 서울 어디에서 만났습니다. 그래서 그 스님하고 같이 공부하는 얘기를 주고받고 했어요. 그런데 그 스님은 남방불교(南方佛敎) 공부를 하신 분입니다. 남방불교 공부를 하셔서 상당히 자기 나름대로나 또 사회적으로 인정을 받고 있는 분입니다. 그분은 남방불교를 공부했으니까 이른바 비파사나 공부를 하셨던 것입니다.

지금 서울에도 비파사나 학원이 있고 가르치는 분도 있습니다. 그래서 비파사나 공부를 하신 분들은 대승불교(大乘佛敎), 북방불교(北方佛敎)는 대승불교 아니겠습니까. 중국이나 또는 한국이나 일본이나 티베트나 그런 불교는 북방불교인데 이것은 주로 대승불교입니다. 따라서 그 스님은 처음에는 대승불교를 공부하신 분입니다. 한국 스님이니까 한국서 공부하고 강원(講院)도 나오고 선방(禪房) 가서도 한 10년 가까이나 선방을 다니신 분이지요.

그런데 그분은 선방에 다녀 봐도 별로 재미를 못 봤단 말입니다. 그러니까 자기는 거기서 실망을 하고서 그래서 남방불교 미얀마나 태국이나 스리랑카나, 저는 현지를 한 번도 순례를 못 했습니다만 다녀온 사람 말을 들어 보면 상당히 좋은 점이 많이 있는 모양 같아요. 형식적으로는 아주 우리가 따라갈 수 없는 정도로 좋은 점이 있는 모양 같습니다. 그러니까 그 스님도 가서 꽤 지냈어요. 비파사나에 대해서 책을 낼 정도니까 상당히 수준 있는 분 아닙니까.

근데 그분은 달마 스님이, 달마 스님이란 분은 대체로 아시는 바와 같이 28대 조사입니다. 28대 조사. 부처님 때부터 정통조사(正統祖師)가 계시는데 물론 아주 훌륭한 분들이 많이 계시겠지만 주로 정평 있는 조사로 해서 33조사를 다 칩니다.

달마 대사(達磨大師)가 28대고 육조혜능(六祖慧能) 스님이 33대 조사가 돼서 거기까지 정통조사라고 그렇게 우리가 정평을 하고 있는 것입니다.

헌데 비파사나를 하는 그 스님은 달마 스님이 실존인물이 아니라고 부정한단 말입니다. 그렇다고 생각할 때는 대승불교 하시는 분들은 굉장히 화가 안 날 수가 없습니다. 달마 스님께서 실존인물이라고 역사적(歷史的)인 사실도 있고 또 뿐만이 아니라 달마 스님 가르침으로 해서 공부를 하고 있는 분야도 많은데 그런 훌륭한 조사님을 실존인물이 아니라 하나의 허구로 조작했다고 그렇게 말한단 말입니다.

그래서 그 말을 듣고서 그냥 저는 웃어 버리고서 이분하고 오랫동안 얘기해 봐도 별로 소득이 없겠구나, 그래서 더 말 않고 말아 버렸습니다만 이렇게 자기가 어느 견해에서 볼 것인가, 따라서 같은 불교 내에도 상당히 거리가 있고 또는 집착하는 사람들끼리는 서로 통하지가 않는단 말입니다.

그런데 하물며 다종교사회(多宗敎社會), 현대사회는 다종교사회 아닙니까. 불교, 기독교, 이슬람교. 이렇게 불자님들이 상당히 많이 모이시면 불교가 아주 굉장히 세계에서 수도 별로 손색 없고 질적으로도 손색

이 없다 생각하려나 모르겠지만 사실은 수(數)적으로 봐서는 아주 미미합니다.

기독교는 한 20억쯤 된다고 생각할 때에 이슬람교도 한 10억 남짓 된다고 합니다. 우리 불교는 얼마나 될 것인가? 10억 반도 못 됩니다. 다행히 일본 사람들이 많이 믿어주기 때문에, 일본이 작은 나라여도 꽤 인구가 많고 불교 인구가 상당히 수가 돼서, 거의 1억 가까운 수가 일본은 믿는단 말입니다. 그네들이 그렇게 수가 많으니까 그 덕을 봐서 우리 세계 불교 인구가 한 2억 5천쯤 된다 합니다. 우리가 생각할 때는 얼마나 서글픈 일입니까.

그런데 그 속에도 모두가 다 일미평등(一味平等)하게 똑같이 부처님 법을 믿는 것이 아니라 아까 말씀처럼 남방불교, 북방불교 그런 차이에서도 역시 옥신각신한단 말입니다.

2. 아집(我執)과 법집(法執)의 지양

참선(參禪)한 사람들은 참선만 꼭 해야 그래야 성불(成佛)을 한다, 또 경(經)을 많이 보는 사람들은 이론체계(理論體系)도 없이 참선만 했다가는 그때는 어두운 구렁에 빠진다, 이렇게 말도 하고 또 염불(念佛)한 분들은 우리가 부처님 명호, 부처님의 원력을 믿고서 부처님 명호를 부르면 금생에도 염불삼매에 들 수가 있고 또 내생(來生) 가서는 극락세계(極樂世界)에 우리가 태어난다, 그보다도 더 좋은 길이 어디가 있겠는가, 이렇게 또 생각한단 말입니다.

오늘 제가 말씀드리고자 하는 것도 저는 이러한 이른바 법집(法執)이라, 어느 법만 옳다고 주장하는 법집을 지양(止揚)하기 위해서 제가 말씀을 드리고자 합니다.

우리가 법집을 한다고 생각할 때는 우선은 우리 마음이 열리지가 않습니다. 어째서 마음이 열리지가 않을 것인가. 우리 마음이란 것은 지금 현재는 별로 마음이 신통치 않는 마음일지 모르지만은 우리 마음의 근본성품(根本性品)은 한도 끝도 없는 시간적으로, 공간적으로도 헤아릴 수 없는 무량무변(無量無邊)한 생명(生命) 자체입니다.

우리 불자님들, 우리 마음이 얼마나 넓은가? 내 마음이 기껏해야 이 몸뚱이에 들어 있지 않는가? 이렇게 생각한 사람도 있겠지요.

부처님 법은 마음을 깨닫는 법입니다. 우리 마음이란 것은 모양이 있는 것이 아니기 때문에 모양이 있는 것이 아닌 것은 이것은 우리가 어떻게 제한(制限)을 할 수가 없고 규정(規定)을 할 수가 없습니다. 내 몸에 있다든가 내 몸 밖에 무슨 몇 킬로라든가 어떤 범위가 있다든가 그런 것이 아니란 말입니다. 허공(虛空)같이 끝도 갓도 없는 것이 우리 마음입니다.

따라서 우리 지구상뿐만 아니라 끝도 갓도 없는 생명 자체이기 때문에 불교 우주관은 삼천대천세계(三千大千世界) 아닙니까. 불교 우주관은 삼천대천세계뿐만 아니라 삼천대천세계 같은 그런 세계가 또 한도 끝도 없이 우주에 펼쳐 있습니다.

따라서 우리 마음은 그와 같이 모양이 있는 것이 아니기 때문에 우주의 끝도 갓도 없는 우주의 끝까지도 우리 마음은 모두 그대로 미쳐 있습니다.

따라서 무량무변의 허공 세계가 바로 우리 마음이다, 이렇게 생각해도 됩니다. 이와 같이 끝도 갓도 없이 넓은 마음인데 우리 중생들은 아까도 말씀드린 바와 같이 과거전생(過去前生)에 업을 짓고 금생에도 업을 지어서 우리 마음을 축소시켰단 말입니다.

내 마음은 이것은 몸뚱이에 든 것이 아닌가? 자기 마음이 자기 몸뚱이에 들었다고 생각하면 평생 동안 자기 마음을 폐쇄하고 자기 마음을 딱 가둬 놓고서 해방을 못 시킨 사람입니다.

내 마음을 내 몸뚱이에 국한시킬 때는 그때는 자연적으로 욕심이 나오고 진심(嗔心)이 나오고 치심(癡心)이 안 나올 수가 없습니다. 삼독심(三毒心)이라 하는 것은 모든 존재에 있어서 마음을 열어서 우주의 근본 생명을 보지 못하는 사람들은 정도의 차이뿐인 것이지 좋은 것에 대해서 욕심내는 탐욕심이나 또는 좋지 않은 것에 대해서 진심(嗔心)을 내는 성내는 마음이나 그래서 마음은 더욱 어두워지는 어리석은 마음을 제거하려야 할 수가 없습니다.

어리석은 마음은 어떤 것이 어리석은 마음인가? 우리 마음은 본래로 헤아릴 수 없이 끝도 갓도 없이 우주에 충만한 무량무변의 것인데 우리 마음은 제한돼 있다고 생각한단 말입니다. 그 마음이 바로 어리석은 마음입니다. 이것이 바로 무명심(無明心)입니다. 무명심이라, 무지무명(無智無明)이라, 무지나 무명이나 똑같은 뜻입니다. 없을 무(無)자 밝을 명(明)자 밝지 않은 마음이란 말입니다.

우리 마음 본래로 밝아서 천지우주와 더불어서 조금도 차이가 없는데 그와 같이 끝도 갓도 없는 마음이 바로 부처 불(佛)자, 마음 심(心)자, 바로 불심(佛心)입니다. 불심이란 말입니다.

따라서 우리 마음의 본래 성격은 바로 불심입니다. 부처의 마음이란 말입니다.

우리 불자님들, 각 종교라는 것은 어째서 나오는 것인가? 우리 인간존재라 하는 것은 자연발생적으로 한정돼 있으면서도 무한(無限)을 구한단 말입니다. 한도 끝도 없는 무한을 구합니다. 힘도 한정되고 아까 말씀처럼 우리가 아는 것도 한정되고 중생심(衆生心)이라는 것이 자기 몸에 갇혀 있다는 그런 좁은 마음을 가지면서도 또 마음 구석에서는 한도 끝도 없는 그런 세계를 동경도 하고 흠모하고 추구를 합니다.

본래가 한도 끝도 없는 마음이기 때문에 어떤 처지에 있다 하더라도 우리 마음 스스로 그때는 한도 끝도 없는 그런 것을 구한단 말입니다. 지혜(智慧)도 한도 끝도 없이 다 알고 싶고 자비(慈悲)도 그렇고 어떤 면으로 보나 우리 중생들은 방금 말씀드린 바와 같이 모든 면에 있어서 한도 끝도 없이 다 알고 다 하고 싶고 이런 것입니다. 그래서 그와 같이 다 알고, 하고 싶은 그 마음이 정답게 나가면 좋은데 그렇지 못하면 또 부작용이 생깁니다.

우리 마음이란 것이 아까도 말씀드린 바와 같이 무량무변한 허공 같은 것인데 다만 허공같이 텅 비어 있을 뿐만 아니라 그 가운데는 한량없는 성품공덕(性品功德)이 가득 차 있단 말입니다.

지혜로운 면으로 보나 자비로운 면으로 보나 또는 능력 있는 면으로 보나 어떤 면으로 보나 무한의 가능성 무한의 에너지가 거기에는 충만해 있습니다.

우리는 지금 현대과학문명시대에 태어나서 그 조그마한 눈에도 안 보이는 미시적(微視的)인 소립자(素粒子), 전자(電子)나 양성자(陽性子)

나 중성자(中性子)나 미시적인 그런 것 속에도 한도 끝도 없는 에너지가 있다는 것을 우리가 지금 알고 있습니다. 그 에너지, 우주의 기(氣), 우주의 기가 조그마한 눈곱만치도 못한 것 가운데 가서 무시무시한 힘이 있단 말입니다.

그 광자(光子)라 하는, 빛 광(光)자, 아들 자(子)자 광자, 또는 광량자(光量子), 그 모든 존재를 쪼개고 쪼개 가지고서 분석한 뒤에 눈에는 보이지도 않는 그런 것 가운데도 초속 30만 킬로미터라, 1초 동안에 30만 킬로미터를 갈 수 있는 에너지가 거기에 다 들어 있단 말입니다.

우리는 무시무시한 원자폭탄(原子爆彈), 수소폭탄(水素爆彈) 들어서 다 알고 있지 않습니까. 경험은 못했어도. 저는 일본 나가사키에 제 외가가 집단으로 가서 살았는데, 일본 나가사키 원자폭탄 세례에 대부분 다 돌아가셨습니다. 그런 사람들이 한둘이겠습니까. 그렇게 원자폭탄 힘이 무시무시하단 말입니다. 그런 힘들이 아까도 말씀드린 바와 같이 조그마한 눈에도 보이지 않는 그 소립자 가운데도 들어 있단 말입니다.

그런데 우리 마음 가운데는 어떻겠습니까. 우리 마음 가운데도 역시 우리가 지금 현대 인간의 두뇌(頭腦)로 해서 원자폭탄이나 수소폭탄이나 그런 정도밖에는 뽑아서 못 쓰지만은 사실은 그보다도 훨씬 더 위대한 한량없는 힘이 우리 마음 가운데 다 들어 있습니다. 그런 것을 밝히신 분이 부처님입니다. 그런 것을 밝히신 분이 성인(聖人)이란 말입니다.

또는 한도 끝도 없는 그런 마음은, 한도 끝도 없기 때문에 어느 때 태어나고 어느 때 죽는다 하는 그런 것도 없단 말입니다. 그러기 때문에 불교(佛敎) 말로 해서 불생불멸(不生不滅)입니다. 낳지 않고 죽지 않는단 말입니다. 낳지 않고 죽지 않는 것이 우리 마음입니다.

금생에 우리 몸뚱이를 쓰다가 그만두고 간다 하더라도 우리 마음은 절대로 눈곱만큼도 훼손이 안 됩니다. 이런 도리를 분명히 안다고 생각할 때는 어느 큰일을 하다가 자기 몸뚱이를 살피기 때문에 뒤에 보고 옆에 보고 하다가 우리가 용기를 못 내지 않겠습니까.

정말로 내 마음, 내 마음이 우리 주인공(主人公)입니다. 따라서 우리가 마음을 참말로 안다고 생각할 때는 세상에 무서울 것 아무것도 없습니다. 본래 죽지가 않으니까 말입니다. 불사신(不死身)이라, 죽지 않는단 말입니다.

마음은 이것은 과거에 태어난 것도 아닌 것이고 금생에 태어난 것도 아닌 것이고 무시무종(無始無終)으로 처음도 끝도 없이 항시 존재하는 생명 자체인 것입니다.

또는 그 마음은 내 마음뿐만 아니라 어느 누구 마음이나 똑같습니다. 내 마음도 한도 끝도 없이 우주에 충만해 있고 또 다른 사람 마음도 다 그렇습니다.

우리가 생각할 때는 내 마음도 우주에 끝도 갓도 없이 널려 있고 저 사람 마음도 그럴 것이고 모든 중생(衆生) 마음이 그렇다고 생각할 때는 서로 이렇게 충돌하고 서로 갈등되지 않을 것인가. 이렇게 생각할지 모르겠습니다만 모양이 없어 놔서 갈등(葛藤)될 것이 없단 말입니다.

그러한 우리 마음의 근본성품이 아까 말씀처럼 바로 부처 불(佛)자, 마음 심(心)자, 바로 불심(佛心)입니다. 그리고 그 자리는 정말로 조작도 되지 않고 조금도 흠도 없는 진실한 자리이기 때문에 진여(眞如)라, 참 진(眞)자, 같을 여(如)자, 진여(眞如) 그럽니다. 진여란 말입니다. 진리란 뜻과 똑같습니다.

그래서 부처 불(佛)자, 마음 심(心)자, 불심이란 말이나 또는 진여라는 말이나 또는 법 법(法)자, 성품 성(性)자, 법성(法性)이란 말이나 법 법(法)자, 몸 신(身)자, 법신(法身)이란 말이나 또는 참 진(眞)자, 나 아(我)자, 진아(眞我)라는 말이나 진아라, 참 나란 말입니다. 큰 대(大)자, 나 아(我)자, 대아(大我)라, 우리 중생들은 나를, 자기 몸을 자기로 밖에는 모르는 정도니까 이것은 소아(小我)란 말입니다.

그러나 본래 참 나는, 큰 대(大)자, 나 아(我)자, 끝도 갓도 없이 우주에 충만해 있는 참 나 이것은 대아(大我)란 말입니다. 이 자리가 바로 참 나이기 때문에 참 진(眞)자, 나 아(我)자, 진아(眞我) 그럽니다.

3. 어떻게 깨달아야 할 것인가?

따라서 우리 불교는 진아를 깨닫는 것이 부처님 가르침입니다. 어떻게 깨달아야 할 것인가? 깨닫는 방법도 아까도 제가 서두에 말씀드렸습니다만 저 남방불교에서 배우는 분들은 비파사나 하는 것이 최고라고 생각하지만 비파사나도 부처님께서 하신 법문입니다. 그러기 때문에 절대로 진리(眞理)가 아닌 것이 아닙니다.

다만 부처님 법문은 대기설법(對機說法)이라, 그때그때 중생의 정도에 따라서 거기에 상응(相應)된 법문(法門)이기 때문에 차원이 좀 낮고 차원이 높고 한다는 그런 차이가 분명히 있습니다.

그리고 부처님 법문은 방편설(方便說)이 있어서 본래 생긴 대로 중생의 그릇이 더 확실하고 중생이 영명하고 또는 차원이 높은 사람한테는 조금도 에누리 없이 사실 그대로 말씀을 하시지만 중생의 차원이 낮으면 높은 고도한 법문을 해도 알 수가 없겠지요.

부처님께서 성도(成道)하신 다음에 맨 처음에는『화엄경(華嚴經)』말씀을 했습니다.『화엄경』은 조금도 가감(加減)하지 않고서 사실을 사실대로 말씀한 법문입니다.『화엄경』을 말씀하시니까 천상(天上) 사람들이나 또는 제불보살(諸佛菩薩)이나 신장(神將)들은 다 알지만은 일반 중생은 알 수가 없단 말입니다. 그러니까 한 걸음 물러서서『아함경(阿含經)』이라, 중생의 그릇에 맞게끔 말씀을 했습니다.

그래서 아까 제가 말씀드린 비파사나, 남방불교에서 하는 비파사나 이것은 정도가 낮은 중생한테 부처님께서 초기에 하신 그런 말씀입니다. 따라서 그 법문도 굉장히 위대한 법문입니다.

우리가 본래로 부처이기 때문에 부처님 말씀, 부처님 말씀은 설사 쉬운 법문 말씀을 하신다 하더라도 그 가운데는 깊은 말씀도 다 함축이 돼 있습니다. 그러기 때문에 우리가 정말로 마음을 가다듬고 부처님을 신뢰하는 그러한 마음으로 해서 법문을 듣는다고 생각할 때는 차원이 낮은 법문을 듣고도 그냥 즉시에 깨달을 수가 있단 말입니다. 그러기 때문에 우리가 법문을 좋다 궂다 함부로 절대로 시비할 것은 못 됩니다.

그러나 아까 말씀드린 바와 같이 기왕이면 전체적으로 부분적이 아니라 전체적인 그런 법문을 들으면 훨씬 더 이해하기가 쉽고 또는 더 빨리 마음을 통할 수가 있단 말입니다.

따라서 저는 아까 말씀드린 바와 같이 제한된 시간에 이런 말 저런 말 구구한 말씀을 다 드릴 수는 없는 것이고 가장 중요한 원통적(圓通的)으로 전부 다 합할 수 있는 그런 말씀만 드리도록 그렇게 하겠습니다.

한국에서 우리 불자님들은 어느 누구나가 신라 때 원효 스님이나 의상 스님이나 고려 때 대각 국사나 보조 국사나 이런 분들을 다 숭앙(崇仰)하지 않습니까. 그런데 이분들을 우리가 왜 숭앙하는가? 이분들은 방금 제가 말씀드린 바와 같이 다 원만한 말씀을 했단 말입니다. 어디에 절대로 치우지지 않았습니다. 꼭 참선만 해야 된다, 그것은 안 된다, 꼭 염불만 해야 된다, 이렇게 한 가지를 치우치게 말씀을 안 하셨습니다.

그러기 때문에 어느 누구나가 언제 본다 하더라도 원효 스님이나 의상 스님이나 또는 대각 국사나 보조 국사나 서산 스님이나 그런 분들은 다 훌륭하게 보인단 말입니다.

또 현대란 것이 아까도 말씀드린 바와 같이 다종교사회이기 때문에 기독교 믿는 사람이 내 며느리가 될 수가 있고 말입니다. 또는 자기 친지도 될 수가 있고 지금 그런 때 아닙니까. 한국은 기독교인의 수가 훨씬 많지 않습니까. 따라서 그런 기독교에 대해서도 우리가 관용적으로 진리 면에서 그렇게 다 포용을 해야지 그렇지 않으면 지금은 바로 살 수가 없습니다.

따라서 우리가 부처님 공부를 해서 빨리 부처가 돼야 할 것인데 어떻게 하는 것이 빨리 될 수가 있는 것인가. 그리고 지금 여러 가지 복잡한 교리(教理) 해설들이 많이 나와 있습니다. 아까 말씀드린 바와 같이 남방불교(南方佛敎)의 비파사나에 대해서도 여러 가지로 책이 나와 있고 또는 염불(念佛)에 대해서도 염불도 가지가지로 자기 의견들을 많이 말씀을 합니다. 그러니까 그런 것에 대한 체계(體系)가 잘 세워 놓으면 뭣이 옳은 것인가? 어떻게 하는 것이 옳은 것인가? 염불은 그냥 소리만 내서 하는 것이 옳은 것인가? 또는 잠자코 마음으로 그냥 관조(觀照)하는 부처님을 생각만으로 해서 하는 것이 또 옳은 것인가? 이렇게 여러분들께서 주저를 하시겠지요.

우선 참선하는 것에 대해서 몇 말씀을 드립니다. 보통은 참선은 조금 더 고도한 사람들, 차원이 높은 사람들이 참선하고 염불은 차원이 낮은 사람들이 염불한다, 이렇게 생각하지 않습니까. 그러나 그것도 아닙니다. 어째서 그런가 하면은 참선 가운데도 염불이 들어 있고 또 염불 가운데도 참선이 다 들어 있단 말입니다.

우리가 아까 말씀드린 바와 같이 본래로 우리 근본성품이 바로 부처이기 때문에 불심(佛心)이나 또는 부처 불(佛)자, 성품 성(性)자, 불성(佛性)이나 또는 법 법(法)자, 성품 성(性)자, 법성(法性)이나 똑같은 뜻이라고 말씀을 드렸지요. 같은 뜻을 그때그때 중생의 그릇에 따라서 시기상응(時期相應)한 법문을 하시기 때문에 표현만 다른 것이지 의미는 똑같습니다. 즉 그와 같이 참선이 수준이 높은 사람만 하는 것이 아니라 어느 누구나가 할 수가 있습니다. 어째서 그런가 하면은 나의 본래면목(本來面目)이 나의 본래가 바로 부처이기 때문에 본래의 부처 자리, 모든 것은 근본성품이 있고 또 상이 있고 하지 않습니까. 모든 것은 근본본체(根本本體)가 있고 또는 활용할 용(用)이 있단 말입니다. 이른바 체용성상(體用性相)이라, 본체와 용이 있고 본체와 또는 근본성품과 그런 상이 있단 말입니다. 이와 같이 현상적(現象的)인 것은 하나의 상인 것이고 현상적으로는 안 보이지만 현상의 근본적인 성품은 이것은 본체(本體)란 말입니다.

따라서 우리 마음이 본래로 부처고 일체존재(一切存在)가 근원적인 자리에서는 부처 아님이 없습니다. 그런데 부처가 아님이 없다는 부처의 자리를 우리가 떠나지 않으면 모두가 다 참선입니다.

염불(念佛)을 하건 경(經)을 외우건 또는 가만히 명상을 하고 있건 우리 마음이 이것저것 산란하게 현상적인 것에 끌리지 않고서 우리 마음을 가다듬어서 꼭 그 불심(佛心) 자리, 불심 자리를 떠나지 않는다고 생각할 때는 모두가 다 참선(參禪)입니다. 참선하는 법이 큰스님들한테 화두(話頭)를 받아서 무슨 화두를 의심하고 그런 법도 있겠지요. 그러나 그것만이 참선이 되는 것이 아니란 말입니다.

가령 우리가 화두해서 없을 무(無)자, 무자화두가 보통은 가장 많습니다. 무자화두를 우리가 든다 하더라도 무자화두를 들면서 그 무(無)! 무! 무! 무! 이렇게 무자화두를 들고만 있지 그 마음이 아까 제가 말씀드린 바와 같이 우리 마음의 본래의 자리, 마음의 근본성품(根本性品) 자리를 떠나 버리면 그때는 참선이 아니란 말입니다. 이른바 불심(佛心)을 떠나 버리면 참선이 아닙니다. 불심을 떠나지 않고서 불심에 입각해야 그래야 참선이란 말입니다.

화두를 의심하지 않고 염불을 하건 또는 주문을 외우건 그것은 상관이 없습니다. 그런 것은 하나의 상(相)이니까 말입니다. 문제는 그 성품을 떠나는가 안 떠나는가 그것에 매였단 말입니다.

따라서 우리가 가령 관세음보살(觀世音菩薩) 염불(念佛)을 한다 합시다. 염불을 한다 하더라도 관세음보살 하면서 불심 자리, 불성 자리를 떠나지 않고서 마음을 불성 자리에다 두고서 관세음보살 한다고 생각할 때는 바로 그때는 참선입니다. 염불참선(念佛參禪)이란 말입니다.

염불도 하다 보면 싫증이 나서 하기 싫을 때도 있겠지요. 그런 때는 염불을 않고서 그냥 가만히 명상(瞑想)에 잠긴단 말입니다. 그렇게 하면은 자기 마음으로 자기 마음을 돌아보고서 자기한테 갖추고 있고 우주에 충만해 있는 불성 자리를 생각하면서 가만히 명상해도 그때는 바로 참선입니다.

그런 증거로 일본은 지금 묵조참선(黙照參禪)이 있고 말입니다. 일본 사람들은, 묵조란 것은 잠자코 가만히 불성 자리를 비춰 본단 말입니다. 그런 참선하는 조동종, 묵조하는, 잠자코 비추어 보는 참선법이 있고 또 그런가 하면은 아까 말씀드린 대로 큰스님들한테 화두를 타 가지고서 화두에다가 의심(疑心)을 품고 계속 의심하는 그런 법도 있습니다. 그것은 임제종(臨濟宗)이라 하는 종파(宗派)에서 하고 있습니다. 또 한 가지 종파는 화두를 의심하는 화두가 아니라 모두가 다 부처니까 차라리 염불화두라. 아미타불(阿彌陀佛)이나 관세음보살(觀世音菩薩)이나 염불을 화두로 해서 하면 좋지 않겠는가 이렇게 하는 종파도 있단 말입니다.

그런데 우리 한국은 그런저런 복잡한 것이 다 안 들어왔단 말입니다. 고려 때 중국서 한동안 들어오고 이조 때는 중국하고 교류가 끊어져 버리니까 고려 때 들어온 화두하는, 화두 의심하는 법, 그것만 딱 남아서 오백 년 동안에 딱 화석(化石)처럼 굳어 버렸단 말입니다. 지금 한국선방은 어디가나 화두를 의심하는 그런 선법만 있습니다. 그러나 이것이 참선법의 전부는 아닙니다.

우리 불자님들, 우리는 세계적인 안목을 항시 가져야 됩니다. 또는 역사적인 의식이 있어야 됩니다. 역사의식이나 또는 세계적인 안목을 갖는다고 생각할 때에는 아까 제가 말씀드린 바와 같이 본래 참선은 어떠한 것인가? 본래 참선이란 것은 우리 마음의 본 성품을 여의지 않는 것이 이것이 참다운 참선이란 말입니다. 화두를 의심하건 또는 화두를 의심하지 않건 또는 염불을 하건 염불을 하지 않건 그런 것은 그런 상은 상관이 없습니다. 우리 공부하는 마음 자세가 불심 자리를 안 여의면 그때는 다 참선이란 말입니다. 그러면 우리가 얼마나 마음이 자유스럽고 공부하기가 쉽겠어요?

우리 인간의 대사(大事)라, 부처님께서 금생에 나오신 것은 일대사인연(一大事因緣)이라, 가장 큰 일을 위해서 나오셨습니다. 가장 큰 일이란 것은 무엇인가. 가장 큰 일은 우리가 부처님이 되는 일입니다. 부처님의 견해를 우리 견해로 하는 것이 가장 큰 일입니다.

4. 염불선 수행

'일대사불출세(一大事佛出世), 일대사인연(一大事因緣)'이라. 부처님께서 이 세상에 나오신 것은 무엇인가 하면 우리 중생들이 잘못 보고 무지무명에 가리어서 자기 스스로도 모르고 우주를 바로 볼 줄도 모른단 말입니다. 바로 보지 못하기 때문에 그때는 나라는 것이 원래 허망(虛妄)한 것인데 꼭 나만이 최고다, 그런 아상(我相)이 나오는 것입니다.

우리 번뇌(煩惱) 가운데서 우리 무명 가운데서 무지무명 가운데서 가장 지독한 것이 무엇인가 하면 나라는 것을, 내 몸뚱이만을 나라고 생각하는 것입니다. 이러면 아까 말씀드린 바와 같이 즉시 나한테 좋은 것은 탐심(貪心)을 내고 나한테 싫은 것은 진심(嗔心)을 내고 삼독심(三毒心)을 낸단 말입니다.

念佛禪

염불선

삼독심을 못 끊으면 이것은 참다운 인간이 아닙니다. 과거전생에 삼독심을 제대로 끊지 못했기 때문에 우리가 인간밖에는 못 됐습니다. 조금 많이 끊었더라면 천상(天上)으로 태어날 것이고 온전히 끊었으면 영생해탈(永生解脫)의 극락(極樂)에 태어날 것인데 우리가 조금밖에 못 끊고 말아 버렸단 말입니다.

아까 말씀드린 바와 같이 참선이라는 것은 참 쉬운 것입니다. 생긴 대로 우리가 공부한단 말입니다. 우리 마음이 끝도 갓도 없이 광대무변(廣大無邊)하게 삼천대천세계(三千大千世界)에 두루해 있으니까 그렇게 마음을 관찰하면 되는 것이고 화두를 의심하고 싶으면 화두를 의심한다 하더라도 그냥 덮어놓고 의심하면 그때는 참선이 못 됩니다.

끝도 갓도 없는 마음의 본 바탕자리, 그 바탕자리에다가 마음을 두고 의심도 해야지 그냥 덮어놓고 의심하면 상기(上氣)만 되어 가지고서 마음이 혼란합니다. 그래서 마음을 활짝 열어서 마음이 본래 열려 있는 것인데 우리가 지금 닫고 있단 말입니다. 마음은 본래 열린 것입니다.

부처님 공부 가운데서 제일 쉬운 공부를, 여러분도 기왕이면 제일 쉬운 방법으로 공부하고 싶으시겠지요. 용수 보살은 제2의 석가(釋迦)로 불릴 정도로 위대한 분 아닙니까. 용수 보살은 14대 조사입니다. 부처님 이후 정통(正統) 14대 조사입니다.

대승불교는 마명 대사, 마명 대사는 12대 조사인데, 주로 마명 대사하고 용수 보살 때 대승불교의 체계가 확립이 됐습니다. 그러기 때문에 우리가 마명 대사, 용수 보살을 정말로 제2의 부처님같이 숭상하는 것입니다.

그 용수 보살이 성불(成佛)하기 제일 쉬운 것이 어떤 것인가. 성불하는 공부 가운데 어려운 면과 쉬운 면을 말씀하는데 용수 보살이 내놓으신 책 가운데서『대비바사론』,『대비바사론』가운데 다섯째 품이 '이행품(易行品)'이라, 쉬울 이(易)자, 행할 행(行)자, 이행품이란 말입니다. 용수 보살이 또 중생을 얼마나 아끼고 사랑했든가 말입니다. 가지가지로 난행고행(難行苦行)해 가지고서 도(道)를 성취한 뒤에 어떻게 중생들이 빠르게 성불할 것인가, 어느 누구나가 다 조금도 저항이 없이 무리 없이 쉽게 공부할 것인가, 그래서 쉬울 이(易)자, 행할 행(行)자 이행품(易行品)이란 말입니다.

그래서『대비바사론』'이행품'에 보면 부처님을 생각하고 부처님 명호(名號)를 왼단 말입니다. 우리가 본래 부처라고 할지언정 너무나 업을 많이 지었단 말입니다. 전생에도 많이 짓고 금생에도 태어나서부터 별로 필요 없는 것을 많이 배우고 필요 있는 참다운 진리는 별로 배우지를 않았습니다. 그래서 우리 마음은 그런 업(業)의 습관성(習慣性)으로 해서 꽉 차 있단 말입니다. 그러니까 우리 마음을 하나로 모아서 마음을 통일시켜라, 이렇게 해도 쉽지가 않습니다. 참선방에 앉아서 한 3개월 동안 또는 몇 년 동안 공부를 해본다 하더라도 그냥 쉽게 마음이 통일이 되고 마음이 이른바 정화(淨化)가 되고 이렇게 되기가 그렇게 어렵단 말입니다.

저 같은 사람은 3년 결사(結社)를 몇 번이나 했습니다. 몇 번 했어도 지금도 부처님 공부를 다 하려면 천리만리입니다. 그 회한(悔恨)과 한탄(恨歎)만 남습니다. 부처님 공부는 절대로 어려운 것이 아닙니다. 저는 어렵다고 생각한 적 한 번도 없습니다. 제일 재미지고 제일 쉬운 것인데 내 스스로가 제대로 부지런히 공부를 못했단 말입니다.

가장 쉬운 것이 아까 말씀드린 바와 같이 부처님을 생각하고, 부처님 생각하는 것이 무엇이겠습니까. 우리가 우리 자신의 본래면목(本來面目), 우리 자신의 주인공(主人公)을 생각한단 말입니다. 부처님과 우리 자신과 불심(佛心)과 절대로 둘이 아니고 셋이 아닙니다.

『화엄경(華嚴經)』에 '심불급중생시삼무차별(心佛及衆生是三無差別)'이라, 우리 마음과 부처와 중생 이것이 셋이 조금도 차이가 없다는 말입니다.

천지우주가 모두가 다 하나의 진리로 됐습니다. 그래서 어느 것이나 모두가 다 우리 중생이 잘못 봐서 그런 것이지 근본성품을 본다고 생각할 때는 다 하나의 생명이란 말입니다.

미운 사람, 고운 사람 다 그렇습니다. 따라서 우리가 공부하는, 공부 가운데 가장 쉬운 법이 무엇인가 하면은 우리 생긴 대로 내 본래 주인공 자리인 부처를 생각하고 부처를 생각한다 하더라도 우리가 하도 쓸데없는 것을 많이 배워놔서 마음을 통일을 시키기가 쉽지 않겠지요.

그래서 부처님 명호(名號)를, 부처님 이름을 외웁니다. 『정토경(淨土經)』에 보면 부처님 이름을 '무생청정보주명호(無生淸淨寶珠名號)'라, 그것은 무엇인가 하면은 부처님 이름은 나무아미타불(南無阿彌陀佛)이나 관세음보살(觀世音菩薩)이 다 같은 뜻입니다. 같은 뜻인데 부처님 이름은 무생청정(無生淸淨)이라, 무생 이것은 불생불멸(不生不滅)이라, 낳지 않고 죽지 않고 그러면서 청정(淸淨)하고 또는 우주에 다시없는 보배란 말입니다. 그러기 때문에 무생청정보주명호라, 정말로 영원한, 그 빛나고 보배같은 그런 이름이란 말입니다.

우리 인간 이름은 그때그때 부모라든가 작명가가 짓습니다. 그러나 부처님 명호. 부처님 이름은 명호라고 합니다. 부처님 이름은 우리 사람이 아무렇게나 적당히 그때그때 지은 것이 아니란 말입니다. 부처님께서는 한도 끝도 없이 영생(永生)하고 영원히 모든 성품공덕(性品功德)을 다 갖춘 보배의 이름이란 말입니다.

따라서 그런 이름은 우리가 한 번 외우면 외운 만큼 우리 본래면목으로 돌아갑니다. 무생청정보주명호라, 영생의 보배같은 청정한 이름이란 말입니다.

그러기 때문에 우리가 본래로 부처가 아니면 모르거니와 본래가 부처인지라 본래 부처의 자리, 우주의 근본 생명 자리, 그런 자리를 우리가 그런 이름을 외운다고 생각할 때는 자기도 모르는 가운데 우리 마음이 한 번 듣고서도 업장이 가벼우면 그냥 깨달을 수가 있습니다.

우리가 금생에 부처님 가르침을 믿는다 하더라도 그렁저렁 살다가 순식간에 임종에 다다를 수가 있겠지요. 죽음이라 하는 것은 언제 올지 모릅니다.

헌데 죽음에 다다라서 이래서는 안 되겠구나, 정말로 지옥(地獄)이 있고 극락(極樂)이 있는가는 우리가 모르겠지만 부처님께서 하신 말씀이 거짓말이 아닌 바에는 틀림없이 극락이 있을 것이다, 그래서 내가 극락에 가야지 않겠는가, 이런 사무친 마음으로 나무아미타불 관세음보살 한 가지만 불러도 좋습니다. 그 사무친 마음으로 절실한 마음으로 외운다고 생각할 때는 한 생각, 한 생각으로 해서 능히 우리 모든 업장이 녹아져서 생명(生命)의 본고향(本故鄕)인 극락세계(極樂世界)로 태어날 수가 있는 것입니다.

우리 불자님들, 아까 용수 보살, 제2의 석가란 용수 보살이 말씀한 가장 쉬운 법문이 무엇인가. 가장 쉽고도 빨리 성불할 수 있는 그런 법이 무엇인가. 이것이 이른바 염불(念佛) 공부란 말입니다.

우리의 관념(觀念)이 잘못된 선입관념이 있습니다. 그래서 앞서 말씀드린 바와 같이 염불(念佛)은 정도가 낮은 하근 중생이 하는 것이고 참선은 고급, 보다 차원이 높은 고도한 분들이 하지 않는가. 그러나 그런 것이 아니란 말입니다.

용수 보살이란 제2의 석가가 하필이면 그와 같이 차원 높고 분별 있는 말씀을 하셨겠습니까. 그리고 우리가 생각을 해보더라도 본래가 부처이기 때문에 우주 자체가 부처 아님이 없기 때문에 부처님을 생각하는 것보다 더 높고 깊고 더 행복스러운 방법이 어디에 있겠습니까.

내가 나의 본 이름을 외운다, 내 생명의 본래 이름을 외우는 것이고 또는 우주의 이름이란 말입니다. 우주의, 또는 그 이름 자체가 모든 공덕을 모두 원만히 갖추고 있습니다. 무생청정보주명호(無生淸淨寶珠名號)라.

따라서 우리 불자님들, 참선을 한다 하더라도 그 자리, 그 자리에서 우리 마음이 근본성품을 여의지 않으면 염불을 해도 그것이 바로 참다운 염불참선(念佛參禪)입니다. 부처님은 저기에 있고 나는 여기에 있다, 이렇게 이분법적으로 부처와 나를 나누어 생각할 때는 염불참선이 못 됩니다. 그냥 나무아미타불 부른다고 그래서 염불참선이 되는 것이 아닙니다.

염불이 참선이 되기 위해서는 방금 제가 말씀드린 바와 같이 내 마음의 근본성품이나 또는 저 사람 마음의 근본성품이나 우주가 모두가 다 부처 아님이 없다, 이와 같이 우주의 실상(實相), 우주의 근본성품을 마음에다 두고 염불해야 비로소 염불참선입니다. 따라서 그냥 염불과 부처님은 저 대상에 있고 내가 부처님을 생각하면 나한테 와서 부처님이 도와준다, 이런 식의 것은 염불참선이 못 됩니다.

또는 우리가 화두(話頭)를 의심한다 하더라도 내 마음이 원래 부처니까 어떤 의심을 하든지 간에 부처가 무엇인가, 부처님 자리를 우리가 찾고 참구(參究)하는 마음을 가져야 됩니다. 그러기에 중국에서도 역시 송(宋)나라, 송나라 뒤에는 원나라, 명나라, 청나라 아닙니까. 특히 명나라 때 불교가 또 굉장히 융성했습니다만 그 명나라 때 4대 고승이 있어요. 운서주굉(雲棲株宏:1532~1612), 감산덕청(憨山德淸:1546~1623), 우익지욱(藕益智旭:1596~1655), 자백진가(紫栢眞可:1543~1603) 그분들이 명나라 때 4대 고승입니다. 4대 고승인데 이분들이 똑같이 한결같이 모두가 다 염불화두(念佛話頭)를 했단 말입니다.

이 화두란 것은 우리 마음이 성불(成佛)하기 위해서 임시로 우리 마음을 통일시키기 위해서 우리한테 제시된 하나의 방편(方便)이란 말입니다. 부처님 당시는 화두가 있지를 않았습니다. 중국 당(唐)나라 때까지도 화두가 있지를 않았습니다. 참선의 정통조사가 아까 말씀드린 바와 같이 28대가 달마 스님이요, 33대가 육조혜능 스님인데 그때까지는 화두란 말이 없었습니다.

중국 송(宋)나라 때 비로소 대혜종고 스님 그 어른께서 화두의 체계를 세웠단 말입니다. 세상이 하도 혼란스러운 것이니까 우리 마음을 통일시키기 위해서 임시로 그렇게 세운 것이지 어떤 누구나가 꼭 화두를 들어야 한다, 이런 것은 아니란 말입니다. 달마가 한 것도 아닌 것이고 육조혜능이 한 것도 아닌 것이고 부처님이 하신 것도 아닌 것이고 말입니다. 따라서 우리는 그런 한계성을 알아야 됩니다.

아까 말씀처럼 시대에 따라서 잠정적으로 화두를 들라는 것이지, 우리 한국에 있어서는 중국 송나라 때가 우리 고려에 해당합니다. 그때 중국에서 화두법이 들어와서 이조 오백 년 동안에는 우리 불교가 중국과 교류를 못했어요. 교류를 못했기 때문에 화두가 들어온 채로 해서 딱 오백 년 동안 굳어 버렸단 말입니다.

그러니까 지금 한국, 이 선방 가나 저 선방 가나 화두만 합니다만 그것이 나쁜 것이 아니라 화두를 한다 하더라도 아까 제가 말씀드린 바와 같이 본래면목(本來面目) 자리, 근본(根本) 자리를 우리가 추구하는 근본 자리를 참구하는 그런 태도가 아니면 참다운 화두가 못 됩니다.

내 본래면목 자리, 언제 어디에나 존재하는 생명의 근본 자리, 이런 자리에다가 우리 마음을 두고서 이것이 무엇인가? 그 자리를 참구(參究)하고 구해야 한단 말입니다.

5. 염불선은 가장 쉬운 공부

그래서 염불(念佛)한 분들은, 그 염불할 때 꼭 우리 불자님들이 외워 두셔야 할 것은 염불이라는 것이 아까 제가 말씀드린 바와 같이 가장 쉬운 문이기 때문에 집안에서 공부하시고 또는 재가(在家) 불자님들에게 아주 알맞은 그런 수행법(修行法)이고 또는 출가(出家) 불자들도 마찬가지입니다.

기왕이면은 쉬운 방법이 좋을 뿐만이 아니라 우리 인간의 마음이라는

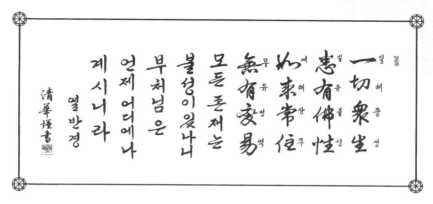

일체중생

것은 원래 지성(知性)도 있고 감성(感性)도 있고 다 있단 말입니다. 따라서 우리 공부가 지성에만 너무 치우치면 이론적(理論的)인 사람들은 무방할지 모르지만 감성적인 사람은 조금 마음이 흡족하지가 않단 말입니다. 우리 마음이란 것은 그 그리움이라 하는 동경과 그리움 말입니다. 이것이 굉장히 중요합니다.

어린 나이에 객지 생활을 많이 한 분들은 느낍니다만, 객지에 가서 자기 고향을 그리워하고 부모를 그리워하는 마음이 얼마나 소중합니까. 얼마나 참 순결합니까.

그런데 우리 인간 존재의 모든 존재의 근본 고향 자리가 바로 부처님이고 극락세계(極樂世界)란 말입니다. 극락세계는 이것은 없는 것을 부처님께서 우리를 위로하기 위해서 가설(假說)로 만든 법문이 아닌가, 이렇게 생각해서는 안 됩니다. 극락세계란 것은 언제 어디에나 존재하는 우리 모든 존재의 근본 고향 자리란 말입니다.

경(經)에 보면 극락세계는 여기에서부터 저 10만억 국토 서쪽에 가야 있다 이런 말씀이 있습니다. 이런 말씀은 부처님께서 우리 중생들이 잘 이해를 못할까 봐서 염려해서 하신 말씀인 것이지 극락세계는 분명히 외시기 바랍니다. 극락세계는 이것은 바로 우리가 한 발도 옮기지 않고서 이 세계나 저 세계나 여기나 저기나 모두가 다 본래로 극락세계입니다. 우리 중생은 극락세계인데도 중생이 업장(業障)에 가리어서 보지 못할 뿐입니다. 극락세계는 무량무변(無量無邊)합니다. 끝도 갓도 없습니다. 끝도 갓도 없는 가운데는 우리 지구도 다 포함돼 있습니다.

끝도 갓도 있어야 지구는 지구 따로 있고 극락세계는 극락세계가 따로 있겠습니다만 극락세계는 그러한 제한된 세계가 아닙니다. 천지우주(天地宇宙)가 사실은 부처님 눈으로 본다고 생각할 때에 맑은 눈으로 본다고 생각할 때는 모두가 다 이 세계가 그대로 극락세계(極樂世界)입니다.

극락세계의 풀이 이름은 광명정토입니다. 광명으로 충만(充滿)한 세계란 말입니다. 이 세계가 바로 광명으로 충만한 세계입니다.

현대물리학은 모든 존재의 근본이 하나의 방사광명(放射光明) 같은 광선(光線)이라 그럽니다. 광자(光子)나 또는 양자(陽子)나 중성자(中性子)나 모두가 다 하나의 광명의 빛입니다. 현대물리학도 종당에는 모두가 다 광명뿐이다. 이렇게 말씀한단 말입니다.

나무아미타불, 아미타불(阿彌陀佛)은 무엇인가. 아미타불은 무량광불(無量光佛)입니다. 무량광불이라, 한도 끝도 없는 빛의 부처입니다. 청정광불(淸淨光佛)이라, 조금도 때가 없는 광명(光明)의 부처입니다. 모두가 다 옆에 있는 사람, 미운 사람, 도둑질을 하는 나쁜 사람도 그 몸

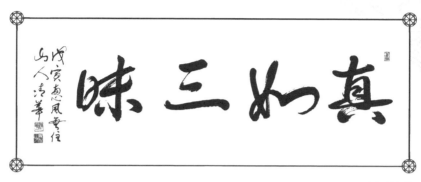

이 지금 광명으로 됐습니다.

따라서 우리 마음이 정화가 되면 저 10만억 국토 밖에 가서 극락세계에 가서 우리가 부처님을 뵈올 것이 아니라 이대로 이 자리에서 염불삼매(念佛三昧)에 들어서 극락세계를 훤히 보는 것입니다.

우리 불자님들, 삼매(三昧)란 말을 깊이 외시기 바랍니다. 삼매가 무엇인가? 삼매란 말은 우리 마음을 하나로 모아서 우리 마음이 부처님 쪽으로 통일이 된 상태, 우리 마음이 부처님 쪽으로 통일이 돼서 산란한 분별시비를 않는 상태가 이것이 삼매입니다.

따라서 삼매에 들어가야 성자(聖者)가 된단 말입니다. 그래야 우리가 본래의 인간성(人間性)을 회복하고 아까 말씀드린 바와 같이 대아라, 큰 대(大)자, 나 아(我)자 큰 나라. 또는 참 진(眞)자, 나 아(我)자, 진아(眞我)란 말입니다.

부처님 되기가 저같이 게으름 피워서 지금도 온전히 못 됐습니다만 부처님 되기가 저는 제일 쉽다고 생각합니다. 왜 쉬울 것인가? 어디서 꾸어서 부처님 되는 것도 아닌 것이고 본래 갖추고 있는 그대로 우리가 닦으면 된단 말입니다.

또는 우리가 부처가 안 될 것도 아닌 것이고 금생(今生)에 못 되면 내생(來生)에 되고 내생 못 되면 또 그다음 되고 말입니다. 본래 부처이기 때문에 헤매고 헤매다가 몇 만 생 헤매더라도 다른 데로 갈 데가 없습니다. 다 부처가 꼭 되고 만단 말입니다. 그럴 바에는 우리가 금생에 돼서 금생에 영원한 행복만이 존재하는 죽음이나 또는 여러 가지 고통이 많은 세계가 인간의 그야말로 괴로울 고(苦)자, 바다 해(海)자, 인생고해(人生苦海) 아닙니까. 생사고해(生死苦海)라. 죽고 살고, 나고 죽고 생사고해에 헤매지 않고서 우리가 영생(永生)의 안락(安樂)을 누리는 극락세계에 가기 위해서는 금생에 닦으면 된단 말입니다.

금생에 닦아서 아까 제가 말씀드린 바와 같이 삼매라, 삼매 가운데도 제일 쉬운 삼매가 염불삼매(念佛三昧)입니다. 염불을 하다 보면 자기도 모르는 가운데 우리가 삼매에 들어가 버린단 말입니다.

우리 불자님들, 삼매에 한번 들어가 보십시오. 얼마나 좋은가 말입니다. 우리가 어디가 몸이 아프다 합시다. 몸이 아프다가도 염불삼매에 척 들어서 우리 마음이, 마음이나 몸이나 훨씬 더 가벼워지고 또는 앞에 부처님의 한도 끝도 없는 광명을 도인이 채 못 되어도 분명히 볼 수가 있습니다. 그런 광명을 본다고 생각할 때에 어디가 몸이 아프더라도 그냥 즉시에 나아 버립니다.

우리 중생은 부처님 법만 따르면 천하에 살기가 참 제일 쉬울 것인데 우리가 어째서 하필이면 부처님 법을 안 따르고 세속에서 조금 배운 것 가지고서 그것만 좋다고 따른단 말입니다.

기독교나 또는 다른 이슬람교나 그런 종교도 모두가 다 성자의 가르침입니다. 성자의 가르침이나, 같은 성자의 가르침도 성자의 개성에 따라서 또는 그 시대에 따라서 표현을 달리하고 같은 성자라 하더라도 똑같지가 않단 말입니다.

우리 석가모니 부처님같이 원만하게 모두를 다 하나부터 이른바 일체종지(一切種智)라, 다 아신 분도 있고 또는 같은 우리 불교 성자라도 부처님같이는 몰라도 조금 아신 성자도 있고 가지각색입니다.

『화엄경(華嚴經)』에서 보면 같은 성자도 열 층계가 있단 말입니다. 열 단계가 말입니다. 초환희지(初歡喜地)라, 맨 처음에 도를 깨달아서 아주 환희 충만한, 한도 끝도 없이 행복을 느끼는 그런 데가 초환희지라, 환희지입니다. 아무리 점잖은 사람도 환희지에 들면 그때는 춤을 안 출 수가 없다는 것입니다. 어떻게 기쁘든가 말입니다.

마하가섭 같은 그런 분은 석가모니 부처님으로부터 정통 법을 받으신 어른 아닙니까만 그분은 굉장히 근엄한 분인데 아, 그분도 환희지를 성취할 때에 그냥 춤을 너울너울 추었단 말입니다. 일반 사람들이야 얼마나 좋겠습니까.

환희지까지 미처 못 간다 하더라도 아까 말씀드린 바와 같이 환희지까지 가면 그때는 벌써 성인인데 성인에 미처 못 간다 하더라도 삼매에 들어가면 들어간 만큼 우리 행복도 차근차근 정도가 더한단 말입니다.

그래서 여러분들께서 외워 두실 것은 '유심정토 자성미타(唯心淨土 自性彌陀)', 바꾸어서 '자성미타 유심정토'라 이렇게 해도 무방합니다. 그러나 꼭 그것은 오늘 외워 두셔야 됩니다. 자성미타 유심정토라.

자성미타란 것은 자성은 스스로 자(自)자, 성품 성(性)자 우리 본래성품(本來性品)이란 말입니다. 참선의 교과서 같은『육조단경(六祖壇經)』이것은 바로 자성(自性)을 깨닫는 견성오도(見性悟道)하는 내용을 말씀한 경전(經典)입니다. 자성이란 것은 스스로 자(自)자, 성품 성(性)자, 바로 우리 본성 불성이란 말이나 똑같습니다.

그래서 자성청정심(自性淸淨心)이라, 자성은 바로 우리 불성인데 자성의 본래의 자리는 조금도 번뇌에 오염되지 않았으니까 자성청정심(自性淸淨心) 그럽니다. 그래서 자성을 깨닫는 것이 이른바 견성오도란 말입니다. 스스로 자(自)자, 성품 성(性)자, 자성을 깨닫는 것이 견성이라, 볼 견(見)자, 성품 성(性)자, 그 자성을 보고 깨닫는단 말입니다.

그래서 모든 참선은 한 말로 하면은 다 자성선(自性禪)입니다. 자성선이라,『육조단경』말씀은 자성선 자리를 고구정녕으로 이렇게 저렇게 말씀하신 내용으로 충만해 있습니다.

그래서 자성미타(自性彌陀)라, 우리의 본래면목 자성이 바로 아미타불(阿彌陀佛)인 것이고 또는 유심정토(唯心淨土)라, 마음이라는 것은 어디에 국한된 한정이 없이 끝도 갓도 없이 우주에 충만해 있는 것인데 우리 마음이 열려지지 않고서 마음이 폐쇄가 되어서 제한돼 있으면 안 보이지만 마음을 열면 제 아무리 고통스러운 것도 고통이 아니라 모두가 다 그 자리 그대로 극락세계란 말입니다.

그래서 유심정토라, 오직 유(唯)자, 마음 심(心)자, 정토란 것은 극락세계라는 말하고 똑같습니다. 맑을 정 조촐할 정(淨)자, 흙 토(土)자 말입니다. 광명정토(光明淨土)나 또는 그냥 정토나 극락세계나 다 같은 뜻입니다.

그래서 아까 말씀드린 대로 꼭 외워 두셔야 할 것은 가장 쉬운 공부를 두고서 우리가 어려운 공부를 할 필요는 없겠지요.

특히 재가 불자님들은 더욱 그렇지 않습니까. 그렇기 때문에 염불선(念佛禪) 공부를 하되 염불선은 그냥 공부하는 것이 아니라 우리 마음이 부처와 나와 둘이다 이렇게 생각하면은 염불선 공부가 못 됩니다. 부처와 나와, 모든 존재와 나와, 우주와 나와 절대로 둘이 아니다 이렇게 해서 우주의 부처님 도리의 근본 자리를 여의지 않고서, 바꿔서 말하면 본 성품을 여의지 않고서 우리가 나무아미타불(南無阿彌陀佛) 하나 또는 관세음보살(觀世音菩薩) 하나 또는 이름을 부르기가 싫어서 가만히 명상(瞑想)에 잠기나 그러면 바로 그때는 가장 좋은 참선법(參禪法)이란 말입니다.

화두를 드나 화두를 안 드나 그건 상관이 없습니다. 들고 싶으면 들고 또는 들기 싫으면 안 든다 하더라도 우리 마음이 근본 자리, 불성 자리, 자성 자리에 가 있으면 바로 참선이란 말입니다.

그렇다고 생각할 때는 일본 사람들 선방같이 염불(念佛)을 화두(話頭)로 하는 황벽종(黃檗宗)을 하든 또는 화두가 없이 그저 잠자코 비추어 보는 명상을 하는 묵조선(黙照禪)을 하든 또는 화두를 참구하는 임제선을 하든 다 좋습니다.

그러기 때문에 우리는 뭣이 좋다 궂다 할 것이 아니라 역시 참선법의 제일 좋은 것은 우리 불심 그대로 우리 자성 그대로 닦는 법인데 참선법은 근본 마음자리, 근본 불성 자리만 우리가 떠나지 않으면 근본불성에다가 우리 마음을 둔다고 생각할 때는 염불을 하나 또는 화두를 하나 화두를 의심하지 않으나 모두가 다 참선법이란 말입니다.

이렇게 하셔서 제일 쉬운 참선법으로 공부하시기 바랍니다. 자성미타

유심정토(自性彌陀 唯心淨土)라, 우리 자성이, 바로 자성이 이것이 그야말로 바로 아미타불(阿彌陀佛)이고 관세음보살(觀世音菩薩)이고 불심(佛心)이고 불성(佛性)이다.

또는 우리 마음이 청정하면 어디에 가서 극락세계가 따로 있는 것이 아니라 천지우주가 모두가 극락세계인데 우리 마음이 더러우니까 더럽게 보이는 것이지 우리 마음이 참말로 맑은 눈으로 본다고 생각할 때는 이 자리가 바로 극락세계(極樂世界)입니다.

그러니까 우리가 할 일은 우리 마음을 정화할 것이지 다른 것이 아니란 것입니다. 이렇게 하셔서 꼭 다시없는 가장 쉽고도 가장 행복한 그런 법으로 성불(成佛)하시기를 간절히 빌어 마지않습니다.

나무석가모니불! 나무석가모니불! 나무시아본사석가모니불!

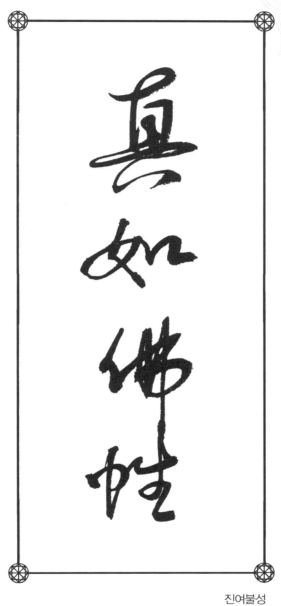

진여불성

제2부

사성제(四聖諦)와 팔정도(八正道)[*]

부처님의 가르침에는 깊고 얕은 것이 있습니다. 초기에 말씀하신 법문은 일반 중생의 근기(根機)에 맞추어서, 있다 없다 하는 우리 중생의 범부(凡夫) 소견에 맞추어서 "선(善)도 있고 악(惡)도 있고 천상(天上)도 있다"라고 합니다.

이와 같이 중생의 근기에 맞추어서 하는 유교(有敎)의 입장에서 가르침을 전개한 것도 있지만, 나중에 중생의 근기가 익은 다음에는 "이러한 것은 모두 몽환포영(夢幻泡影)이다. 여환즉공(如幻卽空)이다"라고 말합니다. 같을 여(如)자, 허깨비 환(幻)자, 곧 즉(卽)자, 빌 공(空)자입니다. "일반 중생이 보는 것은 마치 허깨비같이 텅 비어 있다"라는 말씀으로 참다운 부처님의 실상세계(實相世界)로 인도하셨습니다.

그러나 부처님의 진의(眞義)는 그냥 다 비어 있다는 것이 아니라 참다

---

* 이 법문은 청화 큰스님께서 1987년 3월 6일 곡성 태안사에서 설법하신 내용입니다.

운 진리 즉 중도(中道)에 있습니다. 우리 중생이 보는 것은 비어 있고 허망하다 하더라도 본래 빈자리는 허무(虛無)가 아니라 심심미묘(甚深微妙)한 무량지혜(無量智慧), 무량공덕(無量功德)을 갖추고 있다는 가르침이 중도입니다.

이와 같이 부처님의 가르침은 초기에 '있다 없다' 하는 중생 근기에 맞추어서 말씀하신 유교(有敎), 그다음에 중생이 보는 여러 가지 현상계는 허망하고 무상(無常)하다는 공교(空敎), 그러나 다만 공이 아니고 중도실상(中道實相)이라고 하는 중도교(中道敎)로 전개됩니다.

따라서 우리가 무슨 법문을 생각할 때, '이것이 유교인가? 공교인가? 중도교인가?' 판단할 수 있어야 오류를 범하지 않습니다. 왜냐하면 수많은 경전들은 부처님께서 한꺼번에 체계 있게 말씀하신 법문이 아니기 때문입니다. 현대와 같이 과학적인 지식을 일반 대중에게 가르치기 위해서 애써 교안을 짜 가지고 하신 것이 아니라, 부처님께서 그때그때 갑(甲)한테는 갑대로, 을(乙)한테는 을대로, 김가한테는 김가대로, 박가한테는 박가대로 근기에 맞추어서 말씀하신 법문을 나중에 주워 모은 것이 경전입니다. 물론 부처님 말씀을 잘 기억한 것도 있고 잘못 기억한 것도 있겠지요. 그렇게 기억한 것들을 주워 모아서 만든 것이므로, 경전에서 하신 말씀들이 똑같지 않습니다.

어떤 경우는 공(空) 사상을 말씀하셨고, 어떤 대목에서는 유교(有敎)를 말씀하셨고, 어떤 때는 중도를 말씀하셨습니다. 그러기 때문에 아까 말한 것과 같이 세 가지 견해 - 공이라는 개념, 중생 근기에 맞추어서 '있다'는 개념, 다만 있는 것도 아니고 다만 빈 것도 아니라 실상은 여러 가지 공덕을 갖추고 있다는 중도의 개념 - 이 세 가지 개념을 놓고 봐야

지, 그렇지 않으면 오류를 범하게 됩니다.

따라서 불법은 아무리 쉬운 법문이라 하더라도 항시 부처님의 진리가 거기에 담겨 있어 함부로 말할 수가 없는 것입니다. 사실은 초심문(初心文 : 初發心自警文) 같은 것도 원래는 깨달은 사람이 해야만 바른 강의를 할 수 있습니다.

그런 점에서 사제법문(四諦法門)이나 삼보(三寶) 같은 법문은 언제 들어도 새로운 것입니다. 우리가 깨닫기 전에는 다 미혹한 것이니까요. 불법승(佛法僧) 삼보를 안다고 하지만 결국은 알쏭달쏭한 것이지 참답게 아는 것이 아닙니다. 그러므로 부처님 법문은 수십 번 들어도, 누가 말해도 항시 새로운 것입니다. 그런 점을 염두에 두고서 불경(佛經)을 들을 때는 해태심(懈怠心)이 없이 잘 들어야 합니다.

삼보(三寶)는 모두 아는 바와 같이 불보(佛寶), 법보(法寶), 승보(僧寶) 아닙니까. 이 세상에서 가장 뛰어난 보배가 삼보인데, 그 가운데서 법보를 얘기하고자 합니다.

법보는 사제(四諦), 팔정도(八正道), 십이인연법(十二因緣法), 육바라밀(六波羅蜜) 법문을 위주로 해서 일체 경전의 법문을 망라하고 있습니다.

따라서 우리 불교인들은 비록 어려운 것은 좀 모른다 하더라도, 물론 쉬운 것 가운데도 어려운 것이 들어 있지만, 우선 사제, 팔정도, 십이인연법은 정확히 알아야 합니다.

불교 서적을 보면, 가령 팔정도 풀이만 보더라도 무책임한 풀이가 많이 있습니다. 사제 법문에 대하여 훌륭한 강사들이 번역한 것도 보고 여러 가지 보았는데, 첫째 사제 법문의 '고집멸도(苦集滅道)' 가운데 '멸(滅)'

◎四諦 : 四聖諦 또는 四眞諦라고도 云하며 聖者所見의 真理라

一苦諦 : 三界六趣(六途)의 苦報로서 迷의 果이라.

二集諦 : 貪瞋痴等의 煩惱 및 善惡의 諸業으로서 此二가 能히 三界六趣의 苦報를 集起함으로 集諦라 함.

三滅諦 : 涅槃을 말함이라. 滅이라고 生死苦를 出離하여 真空寂滅하고 生死를 滅이라 하며. 悟의 果라.

四道諦 : 八正道이라. 이는 能히 涅槃에 通하므로 道라 名하며. 바로 悟의 因이라.

※此中 初二는 流轉의 因果로서 世間의 因果라고도 말하며. 後二는 還滅의 因果로서 出世間의 因果라고 云音. 世尊께서 菩提樹下를 떠나서 鹿野苑에 이르러 五比丘를 為하여 처음으로 此法을 說하셨음을 初轉法輪이라 한다. (中阿含經金輪聖王經)

※我昔與汝等 不見四真諦是故 久流轉生死大苦海 若能見諦 則得斷生死 -涅槃經 十五

사제

에 대한 풀이에서 굉장히 큰 오류를 범하고 있었습니다.

아무튼 사제는 넉 사(四)자, 진실할 체(諦)자인데 '체'자의 음 그대로 해서 '사체'라고 발음하기도 합니다만 어느 것이 옳다 그르다 할 필요는 없고, 일반적으로 '사제'라 합니다.

사제(四諦)를 사성제(四聖諦), 사진제(四眞諦)라고도 운(云)하며, 성자(聖者) 소견(所見)의 진리(眞理)라고 합니다.

말이 어색한 부분도 있지만 여러분들한테 한문자를 습득시키기 위해서 짐짓 한문자를 될수록 많이 넣은 글을 인용합니다. 이를 운(云)자는 '무엇 무엇이라 말한다'는 뜻입니다. 따라서 '사제를 사성제 또는 사진제라고도 말하며', '성자(聖者) 소견(所見)의 진리(眞理)이다', 성자나 성인(聖人)이나 같은 뜻입니다. '성자가 보는 바의 진리(眞理)이다'라는 말입

니다. 이것이 사제입니다.

일반 범부는 볼 수 없는 것입니다. 외도(外道)와 정도(正道)를 어떻게 구분할 것인가? 여러 가지 구분이 많이 있으나 외도는 사성제 풀이를 하지 못하고, 정도 즉 우리 부처님 가르침만이 사성제를 그대로 진리라고 칭하는 것입니다. 따라서 사성제를 모르면 불교인이라고 할 수가 없지요.

인생고(人生苦)가 무엇인가? 사회고(社會苦)가 무엇인가? 예컨대 어느 경제인이 잘못해서 굉장히 사회혼란을 야기했을 때, 여러 가지 사회적 모순을 말하며 그 원인을 해석하지요. 개인적인 인생고나 사회고나 또는 이 지구상에서 일어나는 모든 문제는 원인이 어디에 있는가? 그 원인은 불교에서 말하는 이 사성제 가운데 고(苦)의 원인인 집(集)에 있습니다.

사성제는 고제(苦諦), 집제(集諦), 멸제(滅諦), 도제(道諦)입니다. 괴로울 고(苦)자, 진실할 제(諦)자, 고제(苦諦), 모을 집(集)자, 진실할 제(諦)자, 집제(集諦), 멸할 멸(滅)자, 진실할 제(諦)자, 멸제(滅諦), 그다음에 길 도(道)자, 진실할 제(諦)자, 도제(道諦)입니다.

1. 사성제

1) 고제(苦諦)

고제(苦諦)란 삼계(三界) 육취(六趣)의 고보(苦報)니 미(迷)의 과(果)입니다.

나아갈 취(趣)자, 육취(六趣)나 육도(六道)나 똑같은 것입니다. 삼계육도, 삼계육취의 고보(苦報)란, 고의 과보(果報)를 결과로 받는, 하나의 보답으로서 받는 미혹(迷惑)의 과보란 말입니다. 진리를 모르는 미혹의 결과입니다.

중생고(衆生苦)의 원인은 무엇인가? 이것은 집제(集諦)입니다. 우리 중생을 어떻게 볼 것인가? 중생은 안락한 것인가? 우리 중생은 역시 무어라 해도 어떻게 해석해 보아도 결국은 다 고 · 공 · 무상 · 무아(苦 · 空 · 無常 · 無我)라, 고(苦)뿐입니다.

중생의 낙(樂)이라는 것은 사실은 흔적도 없는 것입니다. 왜 그런가 한번 생각해 보십시오. 생로병사(生老病死)란 말입니다. 날 때의 고통, 살려는 고통, 또는 늙어서 고통, 병들어 고통, 결국은 수명이 다해서 죽는 고통, 그 외에도 헤어지는 고통, 미운 사람 만나는 고통, 또는 구해서 얻지 못하는 고통, 이 몸뚱이 원수가 장기(臟器)가 가득해 있기 때문에 완전히 조화로운 상태는 없는 것입니다.

불교 용어로 말하면 사사일협(四蛇一匧)이라, 넉 사(四)자, 뱀 사(蛇)자, 한 일(一)자, 상자 협(匧)자, 네 마리 독사가 한 상자에 모여 있는 것이 우리 몸이나 같다는 말입니다. 지(地)와 수(水)와 화(火)와 풍(風)이란 말입니다. 땅 기운, 물 기운, 불 기운, 바람 기운 이런 것들이 한꺼번에 모여서 잠시 동안 조화를 이룬 것이기 때문에 완전무결한 때는 없는 것입니다. 음식을 더 먹으면 더 먹은 대로, 덜 먹으면 덜 먹은 대로, 추우면 추운 대로 말입니다. 이와 같이 우리 몸이라는 것은 우리 업(業)에 따라서, 업을 긁어모아서 잠시 동안 그와 같이 각 원소가 합하여 있는지라 우리 몸이 완전무결할 때가 없습니다. 따라서 몸 자체로 보아도,

이것이 모두 괴로움뿐입니다.

생각은 무엇인가? 우리 범부(凡夫)의 생각은 모든 것을 확실히 알 수 없습니다. 바로 보지 못하니까 바로 생각하지도 못합니다. 바로 생각하지도 못하고 바로 보지도 못하는 사람이 마음의 안심입명(安心立命), 마음이 편안할 수가 있습니까?

몸도 편안하지 못하고 마음도 편안하지 못하고, 끝내는 한계상황에서 오는 여러 가지 핍박만 있습니다. 따라서 생각을 깊이 하지 못한 사람들이 '인생은 안락이다'라고 생각하다 취생몽사(醉生夢死)해서 죽고 마는 것입니다. 바로 보면 인생은 고(苦)뿐입니다.

따라서 고를 피하기 위해, 고를 이기기 위해 불교가 있습니다. 다른 종교도 마찬가지라고 하지만, 다른 종교는 고의 원인을 확실히 모릅니다. 우리는 우선 '인생이라는 것이 고다. 일체개고(一切皆苦)다. 인생고해(人生苦海)다. 다시 말해 인생은 고생 바다'라는 것을 알아야 합니다.

성자가 깨달아서, 우주를 다 통달해서 항시 불성(佛性)을 보는 경지 같으면 모르거니와 그렇지 않은 한, 우리 중생의 견해로는 아무리 따져봐도 고(苦)뿐인 것입니다. 고를 분명히 느껴야만 참다운 수행자(修行者)입니다. 고를 느끼기 때문에 스님들도 출가 수행자가 된 것입니다.

삼계(三界)는 욕계(欲界), 색계(色界), 무색계(無色界) 아닙니까. 중생이 생사윤회(生死輪廻)해서 왔다갔다 개미 쳇바퀴 돌듯 하는 것이 삼계윤회입니다.

욕계란, 욕심을 미처 못 떠난 경계입니다. 음욕(淫慾), 식욕(食慾), 수면욕(睡眠慾), 또는 가지가지 욕심(慾心)을 못 떠난 경계가 욕계입니다. 우리는 지금 욕계에 있는 것입니다. 인간은 만물의 영장이라 함부로 탐심을 내고 아만심(我慢心)을 냅니다만, 사실 인간은 만물의 영장이 못 되는 것입니다.

다만 욕계의 저 밑바닥 남섬부주(南贍部洲)에 있는 것에 불과한 것이지, 욕계 내에도 사람보다 더 훌륭한 욕계천(欲界天)이 있습니다. 올라가면 또 색계가 있고 무색계가 있는데 어떻게 우리 인간이 만물의 영장이 되겠습니까?

따라서 인간은 더 겸허해야 합니다. 욕계도 꼭대기가 아니라 욕계 내의 저 밑에 인간이 존재합니다. 물론 그보다 저 밑에는 지옥도 있고 하겠지만, 인간은 어정쩡한 존재이기 때문에 만물의 영장은 못 되는 것입니다. 우리는 지금 욕계에 있다는 것을 분명히 알아야 합니다. 그러나 인간이 윤회하는 곳은 욕계보다 더 높은 색계도 있고 무색계도 있습니다.

육도(六道)는 욕계 내의 여섯 갈래입니다. 지옥(地獄), 아귀(餓鬼), 축생(畜生), 수라(修羅), 인간(人間), 천상(天上) 말입니다.

삼악도(三惡道), 삼선도(三善道)라. 나쁜 갈래는 지옥, 아귀, 축생이고, 육도 가운데서도 좀 좋은 갈래는 아수라, 인간, 천상입니다. 그러나 이것은 욕계에 해당합니다. 이와 같이 삼계육도에서 받는 그런 괴로운 과보가 고제입니다. 결국은 미혹(迷惑)해서 진리를 모르는 결과라는 말입니다. 우리가 진리를 알았다면 욕계에 태어날 리가 만무합니다. 진리를 모르기 때문에 결국은 업에 칭칭 묶여서 이렇게 욕계에 온 것입니다.

부모님의 인연을 만나 우리가 태어날 때도, 역시 업장(業障)이 가볍고 저 천상이나 극락에 가 버리면 사람으로 올 수가 없습니다. 어정쩡하게 헤매다가 부모님 인연 만나서 이렇게 욕계로 덜컥 온 것입니다. 이것이 욕계 중생입니다.

2) 집제(集諦)

모을 집(集)자, 진실할 제(諦)자. 집제(集諦)란 탐(貪) · 진(嗔) · 치(痴) 등의 번뇌(煩惱)와 선악(善惡)의 제업(諸業)으로서 차이(此二)가 능(能)히 삼계육취(三界六趣)의 고보(苦報)를 집기(集起)하므로 미(迷)의 인(因)입니다.

번뇌라는 것은 무량무수의 번뇌이지만, 간추리면 탐심(貪心), 진심(嗔心), 치심(癡心) 아닙니까? 다 아는 바와 같이 삼독심(三毒心) 아닙니까? 이러한 삼독심 등의 번뇌와 선악의 제업으로서, 업(業)이라는 것은 우리가 생각할 때에 악업(惡業)도 있지만 선업(善業)도 있지 않겠습니까? 남한테 보시도 하고, 잘되기 바라고, 또 중생을 위해서 애도 쓰고 하는 것이 선업 아닙니까?

업의 종류는 악업(惡業)과 선업(善業)과 도업(道業) 세 가지로 구분됩니다. 악업은 자기와 남을 해롭게 하는 것이고, 선업은 자기와 남을 이롭게 하는 것입니다. 그러나 이런 선업 역시 비록 보시(布施)도 하고 여러 가지를 베풀어도 자기라는 상(相), 남이라는 상, 그런 상을 못 떠나면 그때는 선업에 머무는 것일 뿐, 참다운 성불(成佛)의 도업(道業)은 못 됩니다.

따라서 업에는 악업과 선업이 있고, '나'라는 상과 '너'라는 상을 떠나서 참다운 해탈에 이르는 도업이 있습니다. 그래서 우리 불교인들은 도업을 지어야 합니다. 선업을 짓는 것은 악업보다는 낫지만, 상에 매여 있으면 해탈의 원인은 되지 못합니다.

아무튼 이와 같이 탐심이나 진심이나 치심이나 이런 번뇌가 있으니까 입으로 행하면 나쁜 말도 나오고 좋은 말도 나오겠지요. 그리고 몸으로 행하면 살생 등 여러 가지 업을 짓습니다. 이런 번뇌가 있으면 자연히 이것이 우리 몸이나 입이나 뜻으로 발동(發動)할 때는 업이 되어 버립니다.

이런 모든 업으로서 차이(此二), 이와 같은 번뇌(煩惱)와 제업(諸業), 이 둘이 능히 삼계육취의 괴로운 과보를 모아 일으키는 집기(集起)라, 결국은 집기란 미혹의 인(因)이 된단 말입니다.

아까도 말했습니다만, 인생고의 원인은 집기(集起)입니다. 다시 말하면 탐진치 삼독심에서 우러나온 여러 가지 선악의 업이 인간의 여러 가지 번뇌나 고생의 원인입니다. 사회나 가정이나 개인이나 모두가 다 따지고 보면 결국은 이와 같이 삼독심이나 거기에서 우러나온 선악 행위의 과보입니다. 이와 같이 우리는 분명히 느껴야 합니다. 인간 번뇌, 인생고, 사회혼란은 그 원인이 무엇인가? 가장 근원이 되는 것은 결국 삼독심입니다.

따라서 사회 정화나 자기 마음의 안정을 얻으려면 먼저 삼독심을 맑혀야 합니다. 그런데 이것을 떠나서 겉만 들어 사회운동을 하려고 하면 사회 정화도 못 되고 더럽히고 업을 짓고 마는 것입니다. 마땅히 우리 불교인들은 근원적인 문제, 일체 인간의 여러 가지 모순, 인간의 고생은 모두 다 원인이 삼독심에서 온다는 것을 알아야 합니다.

따라서 삼독심을 제거하는 가장 효과적인 방법이 결국 참선염불(參禪念佛) 아닙니까? 어느 산중에서 가만히 있다 하더라도 참선염불을 하고 있으면 삼독심을 제거하는 것이니까 악의 뿌리를 뽑는 것입니다.

이것은 자기가 속해 있는 좁은 범위 내에서 악의 뿌리를 뽑는 데만 그치지 않습니다. 나중에 다시 설명을 하겠습니다만, 우리 인간의 마음은 우주에 상통합니다. 가령 여기서 얼른 한 생각을 일으키면, 우리 생각의 형상은 없어진다 하더라도 염파(念波)는 소멸이 안 되고 그냥 천지우주의 불성에 파동(波動)을 일으킵니다.

따라서 도인(道人)들은 여기서 한 생각을 딱 일으키면 저 미국에 가서 그냥 직통으로 느낍니다. 전파(電波) 이상으로 빠릅니다.

한 번 생각을 일으키고 한 번 행동하는 것이 모두 다 천지우주에 영향을 줍니다. 그러므로 아까 말한 바와 같이, 우리가 이렇게 앉아서 사회 참여를 하지 않고 데모도 하지 않고 있다 하더라도 공부를 바로 하고 마음을 맑히면 내 스스로의 마음을 맑힘과 동시에 그 주변도 맑힐 수 있습니다. 또한 동시에 우주의 그런 성력(聖力), 즉 말하자면 우주의 성스러운 힘에 더 플러스(plus) 하는 위대한 힘으로 영향을 줄 수 있습니다.

우리 생각 자체가 그대로 그치는 것이 아니라, 바로 내 마음 정화가 우리 주변 정화이며 또한 동시에 우주 정화입니다. 그러므로 꼭 현상적인 사회참여만을 권고할 필요는 없습니다.

3) 멸제(滅諦)

멸제(滅諦)라, 멸할 멸(滅)자, 진실할 제(諦)자. 멸제는 열반(涅槃)을 말합니다. 멸제나 열반이나 같은 뜻으로 쓰입니다. 열반을 바로 풀이하면 영생(永生)입니다. 멸(滅)을 단순히 번뇌를 멸한다는 정도로만 생각해서는 너무나 소극적입니다. 따라서 사제(四諦)를 풀이할 때에 멸제는 그냥 번뇌만 멸한다는 정도로 그치는 것이 아니라, 일체공덕(一切功德)을 갖춘 영생, 영생의 지혜, 영생의 생명입니다.

아까도 얘기했습니다만, 일반 외도(外道)는 결국 멸을 모릅니다. 멸은 정도(正道)밖에는 모르는 것입니다.

따라서 우리가 예를 들어 산중에 가서 공부한다 하더라도 멸(滅)을 구하고 멸을 목적으로 해야지, 멸을 목적으로 하지 않고 어정쩡한 것을 목적으로 하면 그때는 그냥 상(相)에 걸리고 맙니다. 구경(究竟) 목적, 일체 번뇌를 멸하고서 영생하는 불생불멸(不生不滅)하고 불구부정(不垢不淨)한 구경적인 끄트머리 목적인 멸(滅)을 구해야만 참다운 공부입니다.

나중에 공부를 하겠지만, 비록 사선정(四禪定) 법(法)을 닦는다고 하더라도 역시 멸을 구하지 않으면 그때는 외도에 그칩니다. 멸을 목적으로 해서 멸을 구하면 그것이 정도입니다.

우리가 똑같은 보시(布施)를 한다 하더라도 멸(滅)을 구하면 아까 말한 바와 같이 그것이 도업(道業)이고, 멸을 구하지 아니하고 나중에 칭찬의 말이나 듣고 보답이나 받고자 선업(善業)에만 그쳐서는 멸과는 관계가 없습니다. 다시 말하면, 해탈(解脫)하고는 관계가 없습니다.

같은 행(行)도 멸을 구해서 해탈을 구하면 정도이고, 해탈을 구하지 않으면, 유위적(有爲的)이고 상대유한적(相對有限的)인 어떠한 공리(功利)를 구하면 그때는 정도가 못 되는 것입니다. 우리는 이런 구분을 분명히 해야 합니다.

기독교에서는 순교(殉敎)를 많이 했는데, 순교를 한다 하더라도 역시 아까 말한 바와 같이 해탈을 구하고 순교하면 정도입니다. 해탈을 구하지 않고 다만 '인류를 위해서 한다'고 하면, 속인(俗人)과 범부(凡夫)들이 하는 제한된 것밖에는 못 됩니다.

멸제(滅諦)란 곧 열반(涅槃)으로서, 열반(涅槃)이란 혹업(惑業)을 멸(滅)하고 생사(生死)의 고(苦)를 출리(出離)한 진공적멸(眞空寂滅)의 경계(境界)니, 오(悟)의 과(果)입니다.

혹(惑)은 미혹할 혹(惑)자입니다. 혹은 번뇌(煩惱)와 똑같은 뜻입니다. 혹업(惑業)은 미혹할 혹(惑)자, 업 업(業)자입니다. 다시 말하면, 탐진치(貪嗔痴)가 혹(惑)입니다.

혹업(惑業)을 멸(滅)하고, 이것은 혹업(惑業)을 없애고 라는 뜻입니다. 본래 혹이 없는 것을, 번뇌에 따라서 행동하는 선악(善惡)의 제업(諸業)이 업(業)입니다. 따라서 탐진치(貪嗔痴)와 선악(善惡)의 제업(諸業)을 한꺼번에 말할 때 혹업(惑業)이라 합니다.

번뇌와 여러 가지 업을 멸하고서, 태어났다 죽었다 하는 삼계윤회(三界輪廻)하는 생사고(生死苦)를 출리(出離)하여, 날 출(出)자, 떠날 리(離)자, 여의고 떠나서 진공적멸(眞空寂滅)의 경계(境界)라 했습니다.

우리는 진공(眞空)과 단공(但空)을 구분해서 알아야 합니다. 불교는 꽁장히 심오하기 때문에 자칫 개념이나 술어를 잘 모르면 오류를 범합니다. 일반 공(空), 다 비었다 하는 허무(虛無)의 공은 단공(但空)이라 합니다. 다만 단(但)자, 빌 공(空)자, 단공(但空)입니다. 다만 비지 않고서 공 가운데 그야말로 신비하고 불가사의(不可思議)하고 무량무변(無量無邊)의 공덕이 충만(充滿)해 있다는 것이 진공(眞空)입니다.

소승(小乘)은 단공만 알고 진공은 모릅니다. 진공은 반드시 묘유(妙有)와 같이 있어야 하는 것인데, 일반 소승은 단공만 생각하기 때문에 너무나 허무에 빠져 중생 제도는 하지 못하고 자기만 편안하고 맙니다.

진공적멸의, 고요할 적(寂)자, 멸할 멸(滅)자. 적멸도 그냥 가만히 있어서 아무것도 없는 것이 아니라, 우리 번뇌가 발동(發動)하지 않고 영원히 안락한 경계(境界)가 적멸입니다.

멸은 아까 말한 바와 같이 모두를 멸하는, 즉 말하자면 번뇌를 멸해 버려 영원히 안락하고 영원히 안온(安穩)한 경계를 말하기 때문에 바로 영생(永生)입니다. 따라서 열반이나 적멸이나 그냥 멸(滅)이라고 하나, 이것은 똑같은 뜻입니다. 영생, 열반, 적멸 다 똑같은 뜻입니다. 다만 표현만 달리했을 뿐입니다.

멸(滅)은 오(悟)의 과(果)다, 깨달음의 결과란 말입니다. 여기서 보는 바와 같이 부처님 가르침은 굉장히 체계적입니다. 조금도 합리적인 뜻에 어긋남이 없습니다.

먼저 중생경계(衆生境界)를 봅시다. 결국 우리 중생이 받는 것은 고(苦) 아닙니까? 고(苦) 아님이 없습니다.

아까도 말한 바와 같이, 다른 고(苦)는 그만두고라도 인간의 한계 상황인 생로병사(生老病死), 업이 있으면 결국은 태어나야 하는 것이고, 태어나면 늙어야 하는 것이고, 아파야 하는 것이고, 결국은 죽어야 하는 한계상황이 있는 것입니다.

이와 같이 인간에는 고가 있는 것인데, 그 고의 원인은 무엇인가? 고가 많이 있지만, 하여튼 모든 고의 원인은 번뇌와 번뇌에 따라서 행동하는 행(行)입니다. 다시 말하면, 집(集)입니다.

우리 인생고가 있고, 인생고의 원인인 집(集)이 있습니다. 그러나 우리 인생에 인생고만 있고 또 고의 원인인 번뇌만 있다고 하면 그야말로 살 필요가 없지요. 우리 인생에 이런 고(苦)와 집(集)밖에 없다면 그때는 자살할 수밖에 없는 것입니다. 여기에 어디 갈 곳도 없고 우리가 나아

갈 필요도 없으니까 말입니다.

지금 노이로제나 사회적인 여러 가지 번뇌 때문에 이상한 사람들이 많이 있습니다만, 그래도 제법 판단은 하기 때문에 인생고는 볼 수 있습니다. 인생고도 보고 또 인생고의 원인인 집(集)도 대강은 봅니다. 하지만 인생고의 원인인 집(集)을 우리가 떠날 길이 없습니다. 사실은 못 떠나는 것입니다. 불교 아니면 결국은 떠날 수가 없는 것입니다.

불교라야 인생고(人生苦)를 떠나 영생(永生)의 안락세계(安樂世界)로 갈 수 있습니다. 따라서 멸(滅)이 있어야만 비로소 우리 숨통이 트입니다. 멸이 없으면 숨통이 트이지 못하는 것입니다.

고를 짓고, 고의 원인을 짓고서 우리가 고를 받는 것이고, 이와 같이 윤회(輪廻) 가운데서 고를 짓고 받고 또 고를 짓고, 또 윤회하고 그런 가운데 뱅뱅 개미 쳇바퀴 돌듯이 돌고 있습니다.

다행히 석가모니 가르침 또는 성인들의 가르침으로 인해서 고를 떠나고 집(集)을 벗어 버리고 해탈의 멸이 있습니다. 멸이 있다는 것은 굉장히 중요한 것입니다. 다른 것은 모른다 하더라도, 그야말로 우리가 가야 할 해탈의 길, 해방되어 갈 길을 안다는 것만 두고 보더라도 이것이 굉장히 중요하고 우리한테는 큰 도움인 것입니다.

이와 같이 우리가 고의 원인을 지어서 우리가 고를 받는 것이고, 그 반대로 해탈 즉 말하자면 영생의 멸이 있습니다. 또 멸에 이르려면 그냥 무조건 가는 것이 아니라, 고(苦)와 집(集)을 없애는 도(道)가 있어야 합니다.

우리가 집(集)을 지어서 고(苦)를 받으므로, 멸(滅)에 가려면 고와 집을 멸해야 하겠지요. 그것이 순리(順理)입니다. 고와 집을 멸하는 것이 여기 있는 도(道)입니다. 다시 말해 도제(道諦), 팔정도(八正道)입니다. 물론 여러 가지 수행법이 많이 있지만 간추리면 여덟 가지 바른 길을 말합니다.

4) 도제(道諦)

도제(道諦)란 곧 팔정도(八正道)로서 능(能)히 열반(涅槃)에 통(通)하는 도(道)이니 오(悟)의 인(因)입니다.

도제는 능히 열반에 통하므로 '도'라 이름하며 바로 깨달음의 원인이라는 뜻입니다. 우리 현대인들은 어느 정도 고의 원인을 좀 안다 하더라도 고의 원인을 제거하는 팔정도를 제대로 지키지 못합니다. 그러므로 팔정도에서 오는 멸(滅)의 그런 해탈(解脫)의 행복(幸福)은 우리가 얻을 수 없습니다.

사제법문(四諦法門)은 그야말로 참 불교의 대(大)·소(小) 또는 현(顯)·밀(密), 즉 대승(大乘), 소승(小乘), 현교(顯敎), 밀교(密敎) 등 모든 불교를 관통(貫通)해 있는 하나의 대 진리(眞理)입니다. 어떤 가르침이든 불교 가운데 이와 같이 사제법문이 안 들어 있는 데가 없습니다. 어디에 조금 더 역점을 두는가 그런 차이는 좀 있다 하더라도, 따라서 사성제가 들어 있으면 불법(佛法)의 참다운 정도이고 들어 있지 않으면 참다운 불법이 못 됩니다.

(1) 초전법륜(初轉法輪)

차(此) 중(中) 초이(初二)는 유전(流轉)의 인과(因果)이니 곧 세간(世

間)의 인과(因果)요. 후이(後二)는 환멸(還滅)의 인과(因果)니 곧 출세간(出世間)의 인과(因果)로서 사(四)를 모두 체(諦)라 함은 그 진리(眞理)가 실지(實至) 극(極)함으로써요. 이자(二者) 공(共)히 과위(果位)를 앞세우고 인위(因位)를 뒤에 둠은 과(果)는 보기가 쉽고 인(因)은 알기 어려우므로 고과(苦果)를 먼저 보여 이를 염리(厭離)케 한 후 기(其) 인(因)을 단멸(斷滅)케 하며 우(又)는 열반(涅槃)의 묘과(妙果)를 먼저 들어 원락(願樂)케 한 후 기(其) 도(道)를 수행(修行)케 하심이니 불(佛)께서 보리수하(菩提樹下)를 기(起)하사 녹야원(鹿野苑)에 도(到)하시고 오비구(五比丘)를 위(爲)하야 이 법(法)을 여설(如說)하셨으므로 불전법륜(佛轉法輪)의 초(初)라 위(謂)하나니 수자(修者)는 의차수도(依此修道)하야 수의증멸(隨宜證滅)할지니라.

이 가운데 초이(初二), 맨 앞의 둘은 고제(苦諦)와 집제(集諦)입니다. 우리가 탐(貪)·진(嗔)·치(痴)나 또는 선악의 업에 따라서 집제를 범하면 마땅히 그 과보로 삼계육취(三界六趣)의 생사고(生死苦)를, 고(苦)의 과보를 받게 됩니다. 따라서 이것은 유전(流轉)의 해탈이 아니라 삼계인 욕계나 색계나 무색계에 갔다 왔다 하는 중생 경계에서 헤매는 것입니다. 이런 삼계육도에서 유랑(流浪)하는, 즉 말하면 헤매는 인과로서 즉 세간의 인과요, 세간을 못 떠난 범부의 인과라고도 합니다.

후이(後二)는, 뒤의 둘은 멸제(滅諦)와 도제(道諦)입니다. 후이는 환멸(還滅)의, 돌아올 환(還)자, 멸할 멸(滅)자, 즉 멸에 돌아오는 인과입니다. 멸은 아까 말씀과 같이 영생 아닙니까. 결국 영생에 돌아오는 인과입니다.

앞에 말한 것은 우리가 삼계육도에서 헤매는 유전(流轉)의 방황하는 인과(因果)고, 후이(後二)는 그것을 떠나서 멸에 가는, 해탈로 가는, 극락으로 가는 인과로서, 즉 말하면 출세간(出世間)의, 윤회하는 세간을 떠나 출세간의 - 세간을 초월한 인과입니다. 따라서 세간을 떠난 출세간의 인과라고 합니다.

우리 불교는 제아무리 난해하고 심수오묘(心髓奧妙)한 교리가 있다 하더라도, 유전하는 인과, 삼계육도에서 헤매는 유랑하는 인과, 또는 삼계육도를 떠나서 참다운 해탈로 가는 출세간의 인과, 이것으로 불교는 시작되는 것입니다. 따라서 우리는 이 사제법문의 개념에 관해서 명확히 명심을 해야 합니다.

세존(世尊 : 부처님)께서 보리수 아래서 무상대각(無上大覺)을 성취하셨지 않습니까? 보리수를 막 떠나서 녹야원(鹿野苑)으로 가셨지요. 녹야원은 그 당시에 부처님과 다섯 비구, 부처님 도반 다섯 비구가 같이 공부했던 성지(聖地)입니다.

그때 상황을 보면 이런 말씀이 있습니다. 부처님께서는 6년 고행(苦行)을 하실 때에 여러 사람들을 많이 방문하기도 하고 법을 물었지만 대체로 가장 중요한 분이 세 분입니다.

맨 처음 분은 발가바(跋伽婆 : Bhārgava) 선인(仙人)인데, 이분은 고행을 주로 했던 외도(外道)입니다. 하루에 한 끼도 먹을 둥 말 둥 하고 며칠 굶기도 하고, 또는 자기 몸을 아주 괴롭혔습니다. 이와 같이 고행으로써 인간의 욕심을 없애야겠다고 했지요.

보통 외도라는 것은 안락한 범천(梵天)에 나는 것이 목적입니다. 그런데 범천이란 청정한 하늘이기 때문에 욕계를 못 떠나면 범천에 못 태어나는 것입니다. 그러기 때문에 외도는 자기 몸뚱이나 자기 생각에 따르는 욕망을 떼기 위해 고행을 합니다.

발가바 선인도 고행 외도라, 욕계를 떠나 범천의 안락한 곳을 가고자 고행을 했습니다. 그러니까 그의 고행은 우리가 보통 생각하는 그런 고행이 아닙니다. 그야말로 굉장히 지나친 고행입니다.

부처님께서는 발가바 선인에게 가서, "그렇게 고행을 하는 목적이 무엇입니까?" 하고 물었습니다. 그러자 발가바 선인은 "욕계를 떠나서 범천에 태어나기 위해서요" 그런단 말입니다. "그러면 범천 그것은 다시 후퇴가 없습니까?" 하고 부처님께서 물으니, 발가바 선인은 "비록 범천에 태어나기는 하더라도 오랜 세월이 흐르면 다시 범천으로부터 후퇴합니다"라고 말했습니다.

범천이 비록 안락하고 좋다 하더라도 영생의 처소는 못 됩니다. 해탈(解脫)의 경계는 아닌 것입니다. 그래서 부처님께서는 "내가 바라는 것은 해탈이기 때문에 나는 범천에 머물 수가 없다"고 하셨습니다.

부처님께서도 발가바 선인같이 고행으로 해서 삼매(三昧)에 들어서 범천에 올라가는 법은 벌써 다 터득하셨습니다. 그러나 발가바 선인은 그 이상은 못 가는지라, 즉 말하면 해탈의 법이 아닌지라 부처님께서는 거기서 떠나셨습니다.

그래서 아라라가란(阿羅邏迦蘭 : Ãlãra-kalãma)이란 성자를 찾아갔습니다. 아라라가란에게 가서, "당신이 공부하는 법은 어떤 것입니까?" 하니까, 아라라가란은 "내가 공부하는 법은 무소유처(無所有處)까지 올라가는 법"이라 했습니다.

무소유처는 욕계와 색계를 떠나서 무색계의 셋째 하늘입니다. 무색계는 공무변처(空無邊處), 식무변처(識無邊處), 무소유처(無所有處), 비상비비상처(非想非非想處)의 네 가지 하늘이 있는데 그 가운데 셋째 하늘이 무소유처입니다.

아라라가란이 "내가 공부하는 것은 번뇌를 다 없애고 욕계나 색계를 넘어서 무색계의 무소유처에 올라가는 법"이라고 말한 것입니다.

그러자 부처님께서는, 무소유처(無所有處)까지 올라가면 다시는 후퇴가 없냐고 물어보셨습니다. 아라라가란은 무소유처가 좋은 곳은 좋은 곳인데 오랜 세월 동안 장수(長壽)는 하지만 이것도 역시 나중에 복력(福力)이 다하면, 즉 말하자면 복분(福分)이, 지은 복이 다하면 다시 추락한다고 말했습니다.

그러자 부처님께서는 "내가 바라는 것은 해탈(解脫)인데 여기서 머물 수가 없다"고 하면서 떠나셨습니다. 그곳을 떠나면서 "그러면 어디로 가야만이 당신보다 더 낫고 수승한 스승에게 갈 수 있습니까?" 하고 물어보셨습니다. 아라라가란은 자기 아들 우다카(Udraka)가 자기보다 공부가 더 수승하다고 말했습니다. 그래서 부처님께서는 우다카에게 가셨습니다.

부처님은 우다카에게 "당신이 공부하는 것은 어디만큼 어떻게 공부하는 것입니까?" 하고 물으셨어요. 그러자, 우다카가 말했습니다. "내가 공부하는 것은 삼계의 가장 꼭대기 하늘인 비상비비상처(非想非非想處)까지 가기 위한 공부입니다. 무소유처 다음이 비상비비상처인데, 욕계, 색계, 무색계, 우리 중생이 윤회하는 곳에서는 제일 꼭대기 하늘, 제일 좋은 하늘이 비상비비상처입니다"

부처님께서 "그 공부가 이루어지면 이제 다시 후퇴가 없고 다시 생사

(生死)가 없습니까?" 하고 물어보시자, 우다카는 "비록 그곳이 수승(殊勝)하기는 수승하고 좋은 데는 좋은 데지만, 팔만대겁(八萬大劫) 동안 살면 다시 생사(生死)가 있어서 후퇴가 있습니다"라고 대답했습니다.

그래서 부처님께서는 삼매에 들어서 그냥 우다카가 올라간 정도는 올라가셨지만, 그러한 말을 듣고 또 환멸(幻滅)을 느껴, "내가 바라는 것은 해탈이기 때문에 여기 머물 수가 없습니다"라고 말씀하셨습니다.

(2) 세존(世尊)의 성도(成道)

그래서 마지막으로 보리수하(菩提樹下)로 가서서, '이제는 스승이 필요가 없다. 내가 삼매법(三昧法)은 대략 공부했으니까, 이제는 내 스스로 해탈의 공부를 해야겠구나' 이렇게 스스로 느끼시고, 자기의 맑은 영식(靈識)으로 느끼셨습니다.

삼세제불(三世諸佛), 우주는 본래 부처님입니다. 우주는 본래 모든 공능(功能)을 갖춘 부처님이기 때문에 우리가 정말로 맑으면 그때는 부처님이 감응하시는 것입니다.

비록 그때 스승은 없었지만 그런 삼매 기운으로 해서 부처님의 청정(淸淨)한 마음 즉, 영생(永生)을 구하는 그 마음이 삼세(三世) 부처님 즉 우주의 본래 부처님과 감응(感應)이 되어 삼세(三世) 부처님의 가르침을 받고 보리수하(菩提樹下)에서 무상대각(無上大覺)을 성취(成就)했습니다.

이와 같은 내용이 부처님 성도기에 나와 있습니다.

부처님은 '이렇게 대도(大道)를 성취했지만 내가 이런 무상대도를 먼저 누구한테 말할 것인가?' 하고 생각했습니다. 그래서 자기가 가르침을 받은 우다카, 아라라가란, 발가바 선인 등을 찾아가려고 마음먹었습니다. 무어라 해도 이분들은 딴 분들보다 훨씬 높으니까 말입니다.

그래서 부처님께서 천안통(天眼通)으로 보시니, 전에 떠나왔던 스승인 발가바 선인이나 아라라가란, 우다카는 벌써 세상을 떠나고 없었습니다. 이분들이 있다면 그냥 한마디에 알아차릴 것인데 벌써 다 세상을 떠나 버렸던 것입니다. 그래서 할 수 없이 차선책으로, 먼저 같이 공부했던 도반인 다섯 비구가 있는 녹야원으로 제일 먼저 가셨습니다.

녹야원의 다섯 비구는 전에 부처님과 같이 공부할 때 부처님께서 나중에 고행을 중지하시고 어느 정도 자기 몸을 보양하시는 것을 보고서 환멸을 느꼈습니다. 그래서 '저 사람과 우리는 도반(道伴)이 아니다'고 여겼습니다.

부처님에 대해서 다섯 비구는 별로 좋게 생각하지 않았습니다. 그러기에 부처님께서 녹야원으로 오셨지만 마중도 하지 않으려고 마음먹었습니다. 부처님께서 오시는 것을 보고, '저 사람이 오면 가만히 있어야겠다. 마중도 하지 않아야겠다'고 마음먹었습니다.

그러나 통달무애(通達無礙)한 세존(世尊)이 되신 부처님의 장엄한 모습을 정작 보자, 저절로 자기도 모르게 앞에 가서 오체투지(五體投地)를 하고 경배(敬拜)를 하지 않을 수 없었습니다.

그때 부처님께서는 다섯 비구들에게 말씀하셨습니다.

"그대들은 귀가 있으면 들어라. 내가 이제 불사(不死)의 길, 죽지 않는 길을 말하리라"

부처님께서 하신 최초의 설법(說法)이 이것입니다. 불교는 불사(不死)의 길입니다. 생사(生死)를 떠나는 길이란 말입니다. "내가 이제 죽지 않는 길을 말하리라" 이것이 부처님의 최초의 설법입니다.

그래서 하신 법문이 여기 있는 사제법문(四諦法門)입니다. 불교는 불사의 길입니다. 아까 말한 바와 같이 번뇌를 멸하고, 우리가 삼계윤회(三界輪廻)하는 인생고(人生苦)를 멸하고 해탈의 길, 영생의 길, 생사를 떠나는 길을 가르치는 것이 불교입니다.

녹야원에 이르러 다섯 비구를 위하여 처음으로 사제법문을 설하셨으므로, 이것을 초전법륜(初轉法輪)이라, 맨 처음 진리의 바퀴를 굴렸다고 합니다. 진리를 가리켜서 '법'이라 합니다. 법륜(法輪) 말입니다. 법륜을 맨 처음에 말씀하신 것입니다. 다섯 비구를 위해 처음으로 법륜을 굴려, 아까 말한 불사의 길, 불사의 법문을 하셨던 것입니다.

이것은 『아함경(阿含經)』에 있습니다. 아함경은 네 가지가 있습니다만 『중아함경(中阿含經)』의 '분별성제품(分別聖諦品)'에 있습니다. 여러분들이 나중에 강원(講院)에 가실 분도 있을 것이지만, 지금 강원이나 일반 승가에서는 보통 부처님 시초 설법인 『아함경』을 무시합니다. 그러나 『아함경』은 부처님께서 최초로 설법하신 것을 담은 것이라 마치 부처님의 육성과 같은 경전입니다. 그러기 때문에 간단명료하면서도 불교의 요체(要諦)를 다 포함하고 있습니다. 따라서 누구한테 배우지 못한다 하더라도 『아함경』은 여러분이 꼭 섭렵해야 합니다. 그래야 부처님의 간명하고도 심수오묘(心髓奧妙)한 그런 법문을 알 수 있습니다.

　　아석여여등(我昔與汝等), 불견사진체(不見四眞諦),
　　시고구류전(是故久流轉), 생사대고해(生死大苦海),
　　약능견사진제(若能見四眞諦), 즉득단생사(則得斷生死).

아석여여등(我昔與汝等), 내가 옛적에, 내가 일찍이 그대들과 더불어 '~과' 할 때에 '더불 여(與)'자를 씁니다. '~와 함께'라는 뜻입니다. 따라서 '내가 일찍이 그대들과 더불어'라는 말입니다.

불견사진체(不見四眞諦), 네 가지 진체(眞諦), 아까 말한 고집멸도(苦集滅道) 진제를 볼 수 없기 때문에

시고(是故)로, 이와 같이 네 가지 고집멸도를 보지 못하기 때문에

구류전생사대고해(久流轉生死大苦海)라, 오랫동안 생사대고해(生死大苦海)에, 죽고 살고 하는 인생 고해에서 우리가 유전(流轉)해서 방황했다는 말입니다. 왜냐하면, 사진제(四眞諦)를 미처 보지 못하기 때문에 이와 같이 생사고해에서 방황을 했지만 이제는

약능견사진제(若能見四眞諦), 즉득단생사(則得斷生死), 만약 능히 이렇게 사제법문(四諦法門)을 본다면 곧 생사의 고(苦)를 능히 다 끊어 버리게 될 것이라고 했습니다.

이와 같이 사제법문은 중요한 것입니다. 사실 다른 것은 우리가 통 모르고 이것만 안다 하더라도 신심(信心)만 있으면 성불할 수 있습니다. 그러므로 불교는 이런 몇 마디 깨달아 버리면 별로 할 것이 없습니다. 방법상의 문제가 여러 가지로 많이 있는 것이지요.

이것은 『열반경(涅槃經)』에 있습니다. 『열반경』은 부처님께서 열반에 드실 때에 하신 법문입니다.

'열반(涅槃)'이라는 글자는 여러분들이 외우셔야 할 것입니다. 수백 번 수천 번 나올 것이기 때문입니다. 이것은 그냥 일반적으로는 '앙금흙 날(涅)'자로 읽습니다. 우리가 흙을 가만히 두면 앙금이 가라앉겠지요. 그러나 이 글자를 불교에서 통용할 때는 '죽을 열(涅)', '극락갈 열(涅)'자입

※涅 녈 앙금흙, 죽을, 극락갈
본, 본
樂 반, 즐거울, 쟁반, 반

◎ 四種四諦 … 四諦法은 처음에는 聲聞等 小乘淺近의 機類에 對한 法門이나. 其理는 大小乘一切佛 法에 通한다. 따라서 天台大師는 涅槃經聖行品의 所說에 依하여 四種四諦를 安立하여 此를 藏·通·別·圓의 四敎에 配當했다.

一, 生滅四諦 … 凡夫智의 實生實滅 의 위에 立한 四諦이라. 是는 小乘敎 即 三藏敎의 所說이라.

二, 無生四諦 … 苦集滅道의 因果當体 가 即空임을 了解하여 生滅을 不見 하는 四諦로서 通敎의 所說이라.

三, 無量四諦 … 苦諦에 있어서 無量의 相이 있고 乃至道諦에서 無量의 종 別이 있는 大菩薩이 修하는 바로 別敎의 說임.

四, 無作四諦 … 煩惱卽菩提요 生死 卽涅槃의 道理에 主하여 斷惑 造作을 離한 四諦이므로 無作四諦라 하여, 이는 圓敎의 四諦이라.

사종사제

니다. 다른 글자 뒤에 있으면 한글 맞춤법으로 해서 '녈'이라고 읽겠지요. 본음은 '녈'자입니다. '죽을 녈(涅)', '극락갈 녈(涅)'자 말입니다. 그러나 '열반'이라 할 때는 '앙금흙 날(涅)'자의 뜻이 아니라 '극락갈 녈(涅)'자로 풀이해야 쓰겠지요.

그다음에 열반이라는 반(槃)자는 쟁반 반(槃), 소반 반(槃)자인데 이것은 일반적인 뜻이고, '열반'이라는 뜻으로 쓸 때는 즐거울 반(槃)자입니다. 극락 가서 즐거울 것이니까 열반이라는 것이 영생이 되겠지요.

(3) 사종사제(四種四諦)

불교가 어려운 것이 무엇인가 하면, 그냥 단조(單調)롭지 않고 여러 가지 중생의 근기(根機)에 따라 그때그때 설하신 법문이 참 오묘합니다.

부처님께서 중생 근기에 따라 설하신 낮은 법문, 어려운 법문이 섞여 있기 때문에 어려운 것입니다.

따라서 그런 갈래를 알기 위해, 같은 사제법문도 가르침의 깊고 얕은 정도에 따라 네 가지로 구분해서 말씀하셨습니다. '사제법(四諦法)은 처음에는', 우리 근기로 해서 성문(聲聞), 연각(緣覺), 보살(菩薩) 이렇게 안 되겠습니까. '성문승(聲聞乘) 등(等) 소승천근(小乘淺近)의', 얕을 천(淺)자, 가까울 근(近)자, 소승의 얕은 '기류(機類)에 대한 법문(法門)이나', 중생에 대한 법문이나, '기(其) 리(理)는 대소승(大小乘) 일체불법(一切佛法)에 통한다' 아까 말한 바와 같이 사제법문은 어느 불법에나 통하지 않는 곳이 없습니다. 사제법문이 들어가지 않으면 사실은 불법이 아니니까 말입니다.

'따라서 천태 대사는 『열반경』 성행품(聖行品)의 소설(所說)에 의하여', 불교 철학의 체계를 가장 잘 세우신 분이 부처님 뒤에 천태 대사 아닙니까. 그분은 1300년 전 분입니다. 천태 대사는 『열반경』 '성행품' 가운데서 '소설(所說)에', 설하는 바에 의하여 '사종사제(四種四諦)를', 네 가지 차원의 사제를 '안립(安立)하고 차(此)를 장(藏)·통(通)·별(別)·원(圓)의 사교(四敎)에 배당(配當)했다'

규정이나 체계를 세워 하나의 논(論)으로 작정(作定)하는 것을 안립(安立)이라 합니다. 안립이란 말은 불교 외에는 잘 안 씁니다.

'차(此)를 장(藏)·통(通)·별(別)·원(圓)의 사교(四敎)에 배당(配當)했다' 감출 장(藏)자, 통할 통(通)자, 나눌 별(別)자, 둥글 원(圓)자. 좀 복잡하지만 상식적인 의미에서 필요한 것은 그때그때 설명하겠습니다.

부처님의 가르침은 아까도 말했지만 깊고 얕음에 따라 장교(藏敎), 통교(通敎), 별교(別敎), 원교(圓敎) 사교(四敎)로 구별합니다.

아까 말한 『아함경』과 같이 우리 중생의 경계에서 '있다, 없다' 하는, 선(善)도 있고 악(惡)도 있고 시(是)도 있고 비(非)도 있고 그와 같이 선악시비(善惡是非)를 논하는, 즉 말하자면 상대유한적(相對有限的)인 중생 차원에 맞추어 말씀하신 가르침이 장교(藏敎)입니다. 삼장교(三藏敎)라고도 합니다. 경(經)과 논(論)과 율(律) 즉 경·율·논, 경장·논장·율장, 이렇게 3장이 겸해 있는, 일반 중생의 차원에 맞춘 가르침이 장교입니다.

그러나 조금 더 중생 그릇이 익은 다음에는, 그런 것은 다 허망하고 무상(無常)한 것이라고 말씀하신 가르침이 통교(通敎)입니다. 따라서 『반야심경(般若心經)』이나 『금강경(金剛經)』같이 공(空) 사상을 주로 말씀하신 가르침은 통교에 해당합니다.

우리가 계행(戒行)을 지키고 무어라고 시비(是非)하는 것은 보통은 장교(藏敎)에 해당합니다.

"모든 것이 허망무상하다. 오온(五蘊)이 다 개공(皆空)이라, 일체 만법(萬法)은 다 비어 있다. 나도 비어 있고 아까 말한 사제법문도 비어 있다"고 말씀하신 것은 통교(通敎)에 해당합니다. "일체 아공(我空) 법공(法空)이다. 나도 비어 있고 일체법이 다 비어 있다" 이와 같이 가르치신 법문이 통교입니다.

그다음에는 별교(別敎)입니다. 장교와 통교 가운데 삼계(三界) 내에서 비록 통교가 약간 높다 하더라도 이것 역시 삼계를 벗어난 법문이 아니라 삼계 내에서 하신 법문입니다. 그러나 별교는 삼계를 초월해서 말씀하신 가르침입니다. 삼계를 넘어 일체만법의 본체를 들어서 하신 법문이 별교입니다.

그다음 원교(圓敎)는 일체만법이 장교나 별교나 통교나 원래 둘이 아니니 모두를 합해서 원융무애(圓融無礙)한 가르침입니다. 아주 원만무결(圓滿無缺)한 법문이 원교입니다.

따라서 부처님 가르침은 이와 같이 장교, 통교, 별교, 원교 등 네 가지 범주로 구분해서 이야기할 수 있습니다.

그러기 때문에 우리가 풀이할 적에 역시 어떤 범주에서 하는 것인가? 어떤 규범에서 하는 것인가? 규범에 따라 풀이가 달라집니다.

그러기 때문에 부처님의 소중한 사제법문도 장교에서 보는 견해, 통교에서 보는 견해, 이와 같이 각각의 교(敎)에서 보는 견해에 따라 차이가 있습니다. 같은 법문이지만 우리는 기왕이면 원교에서 보는 견해를 우리 것으로 삼아야 합니다.

> 이것이 생멸사제(生滅四諦)라, 또 무생사제(無生四諦)라, 무량사제(無量四諦)라, 무작사제(無作四諦)라.

좀 어려우나 중요한 것이므로 여기에 인용을 했습니다. 여러분이 나중에 경(經)도 보고 아까 말한 바와 같이 판단의 기준을 어디에 둘 것인가? 판단의 기준을 정확히 두기 위해, 또는 남이 말한 법문을 정확히 알아먹기 위해 이것은 필요한 것이기 때문에 어렵지만 이렇게 인용한 것입니다.

① 생멸사제(生滅四諦)

다섯 비구에게 말씀하신 네 가지 진리 즉 사제가 있는데 여기에 4종의 사제가 있습니다.

첫째, 생멸사제(生滅四諦)는 범부지(凡夫智)의 실생실멸(實生實滅)의 위에 입(立)한 사제(四諦)이다. 이것은 소승교(小乘敎) 즉 삼장교(三藏敎)의 소설(所說)이다.

삼장교는 앞에서도 말했지만 경과 율과 논이 모두가 원융무이(圓融無異)한 것이 아니라, 뿔뿔이 있는 경·율·논을 구분해서 가르친 법문입니다.

그다음은 무생사제(無生四諦)라, 고집멸도(苦集滅道)의 인과당체(因果當體)가 즉공(卽空)임을 료해(了解)하여 생멸(生滅)을 불견(不見)하는 사제(四諦)로서 통교(通敎)의 소설(所說)이다.

그다음은 무량사제(無量四諦)라, 고제(苦諦)에 있어서 무량(無量)의 상(相)이 있고 내지(乃至) 도제(道諦)에 있어서 무진(無盡)의 차별(差別)이 있는, 대보살(大菩薩)이 수(修)하는 바로 별교(別敎)의 설(說)이다.

그다음은 무작사제(無作四諦)라, 번뇌(煩惱) 즉(卽) 보리(菩提)요, 생사(生死) 즉(卽) 열반(涅槃)의 도리(道理)에 입각(立脚)하여 단증(斷證)의 조작(造作)을 리(離)한 사제(四諦)이므로 무작사제(無作四諦)라 하며, 이는 원교(圓敎)의 사제(四諦)이다.

우리가 가장 참고할 것은 역시 맨 나중에 있는 무작사제(無作四諦), 즉 말하자면 범부의 헤아림이 없다는 것입니다. 무작(無作)이라, 범부(凡夫)가 범부라 헤아려서 이렇게 범부의 번뇌를 짓지 않는, 부처님 진리의 원융무애(圓融無礙)한 도리 그대로 한 사제가 무작사제입니다.

따라서 무작사제가 부처님께서 말씀하고자 하신 참다운 사제입니다. 다만 중생이 어두우니까 여기 있는 바와 같이 생멸(生滅), 무생(無生), 무량(無量) 사제를 말씀하시지만 결국 목적은 무량사제를 초월해서 무작사제, 범부의 조작이나 헤아림을 떠난, 하나의 상이 없는 사제입니다. 이것이 무작사제인데, 이것이 부처님께서 말씀하시고자 하신 사제의 근본 목적입니다. 이것에 관해서는 다음에 조금 더 말하겠습니다.

사종사제(四種四諦), 이 법문이 굉장히 중요한 의미가 있습니다. 앞으로 여러분들이 두고두고 음미를 해보시면 압니다. 지금은 잘 모르지만 우리가 생각할 때는 보통은 다 생멸사제(生滅四諦)만 압니다.

고(苦)가 있고, 고의 원인으로 해서 집(集)이 있고, 그 반대로 해서 인간의 근본 목적지인 멸(滅)이 있고, 멸에 이르기 위한 방법적인 도(道)가 있다는 것입니다.

어제 말한 바와 같이 삼장교(三藏敎)는 소승교(小乘敎)를 말하는 것인데, 보통은 소승교의 차원에서만 사제법문을 해석합니다. 그렇게 하면 사제법문의 보다 심오(深奧)한 뜻을 제대로 알 수가 없습니다. 그러기 때문에 시각을 보다 더 넓혀서 생멸사제(生滅四諦)도 있고, 또는 제법공(諸法空)이라 하는 입장에서 생사를 떠난 무생사제(無生四諦)가 있습니다. 그러나 보통 무생사제까지는 욕계, 색계, 무색계 삼계(三界) 내에 해당합니다.

우리 법문을 보면 보통 계내(界內) 계외(界外)라, 경계 계(界)자, 안 내(內)자, 계내(界內)는 삼계 내에 있는 법문이란 말입니다. 계외(界外)는 경계 계(界)자, 밖 외(外)자, 이것은 삼계 밖이란 말입니다.

어제도 말했습니다만, 사제법문만 우리가 뚜렷이 안다 하더라도 불교의 한 체계는 세웠다고 볼 수 있습니다.

② 무생사제(無生四諦)

무생사제(無生四諦)란 불생불멸(不生不滅)의 경계에서 말한 사제입니다. 따라서 여러분들, 생각해 보세요. 우리가 불생불멸의 경계에 선다고 생각하면 새삼스럽게 닦네 안 닦네 또는 선이네 악이네 구분을 할 필요가 없습니다.

일체만법(一切萬法)이 원래 나지 않는 불생(不生), 생사를 떠나 버린 경계에서야 그 무슨 닦네 안 닦네 그런 말을 할 필요가 없습니다. 그러기 때문에 사제법문은 보통 생멸사제 할 때에 닦음이 있고 무엇이 있고 하는 것이지, 불생불멸의 경계에 서면 그런 것이 없습니다.

따라서 고집멸도(苦集滅道)도, 고는 곧 인생고이고, 집은 인생고의 원인이며, 도는 인생고를 떠나기 위한, 열반에 이르기 위한 하나의 방법입니다.

그런데 불생불멸의 경계에 서면 고집멸도가 바로 공(空)입니다. 고집멸도 당체(當體)가 바로 공(空)입니다. 또한 멸은 본래 공이라 새삼스럽게 공이란 말도 할 필요도 없이 바로 공입니다. 고집도(苦集道)도 공이요, 멸도 공이니까 그때는 다 공이 되어서 이와 같이 다 공이지만 또 역시 현상적인 의미에서는 당연히 고(苦)가 있고 낙(樂)이 있습니다.

따라서 무생사제(無生四諦)는, 우리가 사제법문을 닦는다 하더라도 그냥 빡빡하게 고(苦)가 분명히 다 있고, 고의 원인 즉 집(集)은 무엇이고 그런 헤아림을 떠나서 우리가 수행을 한다 하더라도 그냥 '제법공(諸法空)이다. 당체공(當體空)이다' 하고 공을 느끼고서 자유로운 마음으로 닦는 것입니다. 그런 차이가 있는 것입니다.

공을 알 때와 공을 모를 때와는 수행이 굉장한 차이가 있습니다. 공을 모를 때는 그냥 그 빡빡하고 또 무슨 파계(破戒)라도 좀 하면 그 때문에 고(苦)가 되고 짐이 되어서 인생 살기가 이따금씩 싫을 때도 있고, 자결도 합니다. 자살을 하는 사람들이 공을 안다면 절대로 자살을 하지 못합니다.

당체가 즉공(卽空)이라, 인생고 모두가 바로 공이고, 또 인생고를 일으킨 집(集) 즉 탐진치(貪瞋痴) 삼독심이나 삼독심(三毒心)에서 우러나온 선악의 행위가 모두가 다 당체 공인지라, 사실은 우리가 집착할 필요가 없습니다.

그러나 아까 말한 바와 같이, 공은 공이로되 현상계에서는 분명히 나가 있고 네가 있습니다. 선악도 현상의 차원에서는 있는 것입니다. 상대유한의 세계에서는 선악이 있는 것이니까요. 그때는 닦기에 애쓰고 닦습니다. 최선을 다하고 닦되, 아까 말마따나 우리가 그때는 집착이 없습니다. 이것이 생멸사제입니다.

③ 무량사제(無量四諦)

무량사제(無量四諦)는 고제(苦諦)에 있어서 무량(無量)의 상(相)이 있고 내지 도제(道諦)에 있어서 무진(無盡)의 차별(差別)이 있는 대보살(大菩薩)이 수(修)하는 바로 별교(別敎)의 설(說)입니다.

그러니까 이것은 아까도 대부분 말을 다 했지만 그냥 무생사제(無生四諦)는 공(空)에만 너무 치우쳐서 현상적인 수행 같은 것을 무시한 것이지만, 무량사제(無量四諦)는 이것은 비록 공이라고 할망정 분명히 우리 중생 견해에서는 삼계가 있으니까. 삼계에도 역시 우리가 닦는 데 있어서 여러 가지 현상이 많이 있으니까 우리 닦는 수법(修法)도 역시 무량(無量)의 상(相)이 있습니다.

사성제가 있고, 십이인연법이 있고, 육바라밀이 있고, 기타 계행(戒行)도 오죽 많이 있습니까? 그와 같이 본래 당체는 공이로되 현상적이고 상대유한적인 경계에서는 그와 같이 상이 많단 말입니다. 무량의 상이 있습니다.

또한 동시에 무량의 상이 있으니까 닦는 도제(道諦), 집제(集諦), 우리 번뇌, 이것은 상이 아닙니까. 집제는 고의 원인이니까요. 도제(道諦)는 이것은 닦는 우리 수행의 상이고, 우리 번뇌의 집제도 역시 사실 따지고 보면 그와 같이 무량의 상입니다.

탐진치(貪嗔痴), 108번뇌, 팔만사천 번뇌 등 번뇌가 오죽 많습니까. 그와 같이 번뇌가 많기 때문에 번뇌를 우리가 단진(斷盡)하는, 떼어 버리는 차별(差別)도 역시 많습니다.

번뇌에 따라 번뇌를 없애기 위한 수법(修法)이 있기 때문에 수법도 한도 끝도 없이 많습니다. 무진(無盡)의 차별이 있습니다. 따라서 대보살은 이와 같은 것을 다 닦습니다.

일반 소원 중생은 그냥 조금 닦고, 공에 집착한 사람들은 허무만 있고 계행도 필요 없다. 자칫하면 아까 말한 무생사제의 범주 내에서는 자기 행동을 아무렇게나 하며, '아, 무어 당체가 공인데 무엇이 필요가 있으랴' 이와 같이 하기가 쉽습니다. 그러나 공은 공이로되, 아까 말마따나 우리 번뇌도 역시 끝도 갓도 없이 무량의 상이 있고, 또한 번뇌를 녹이는 것이 수행이기 때문에 수행인 도제 역시 무진의 차별이 있습니다.

이런 것들이 다 공이지만 닦아야 합니다. 닦지 못한다면 우리한테 있는 소중한 무량공덕(無量功德)을 갖추고 있는 불성(佛性)을 우리가 계발(啓發)을 하지 못하기 때문입니다. 아무리 많은 금광석(金鑛石)이 있다 하더라도 제련(製鍊)을 하지 않으면 순금(純金)이 나오지 않듯이, 불성이 소중하지만 닦지 않으면 우리가 불성을 계발을 하지 못합니다.

그러기 때문에 마땅히 공은 공이지만 우리가 아직 공을 본 것도 아니고 도인이 공이라 하니까 '그런가 보다' 하는 것이지 우리가 공을 지금 느낍니까? 못 느끼기 때문에 역시 참답게 공을 느끼고서 체험하려면, 그때는 여기 있는 바와 같이 무량의 수행을 필요로 합니다.

우리는 이러한 분명한 구분이 있어야 합니다.

④ 무작사제(無作四諦)

무작사제(無作四諦)라, 번뇌(煩惱) 즉(卽) 보리(菩提)요, 생사(生死) 즉(卽) 열반(涅槃)의 도리(道理)에 입각(立脚)하여 단증(斷證 : 끊고 증하는)의 조작(造作 : 마음으로 헤아리는 범부의 짓)을 리(離)한 사제(四諦)이므로 무작사제(無作四諦)라 하며, 이는 원교(圓敎)의 사제(四諦)이다.

도인들은 법이자연(法爾自然)이라, 조금도 조작이 없이, 지음이 없이 바로 행하지만, 일반 범부는 '내가 해야겠구나' 하고 억지로 행합니다. 마음으로 상(相)이 있게 하는 것은 조작이고, 마음으로 상이 없이 하는 행동은 무상(無相)의 무위법(無爲法)입니다.

번뇌가 즉 보리라, 이런 것도 우리가 알기가 좀 어렵지요. 우리가 소중한 것은 결국 보리인데, 보리라는 것은 참다운 진리 아닙니까. 참다운 진리야말로 우리가 닦아야 할 것이고 우리가 성취할 목적인데, '번뇌가 바로 보리다'라고 하면 너무나 허망한 감이 있습니다. 따라서 우리는 이런 때에 해석을 잘해야 합니다.

현상적 의미에서 본다면 분명히 번뇌와 보리, 둘이 있습니다. 그러니까 우리가 번뇌를 버리고 보리를 닦지요. 그러나 근원에서 볼 때는, 상(相)에서 보지 않고 체(體)에서 볼 때는 번뇌나 보리나, 선이나 악이나 둘이 아닙니다. 항시 말한 바와 같이 일미평등(一味平等)한 불성(佛性)뿐입니다.

일체만상(一切萬象)을 근본에서 바로 보는 그런 안목(眼目)에서 볼 때는 일미평등한 불성입니다. 불성 가운데서 무슨 보리가 있고 또는 번뇌가 있고, 두 가지 세 가지가 있을 까닭이 없습니다.

현상적인 상대유한의 중생 차원에서 바라보니까 보리가 있고 도가 있는 것이지, '모두가 다 부처'라는 청정한 안목에서 보면 번뇌가 흔적도 없지요.

따라서 이런 '무작사제' 법문은 중생의 경계에서 보는 것이 아니라 체에서, 근원에서 보는 것입니다. 그와 같이 청정미묘(淸淨微妙)한 부처의 눈에서 본다고 할 때는, 번뇌가 즉 보리요 생사가 즉 열반입니다.

열반은 영생(永生)을 말하는 것이고, 생사(生死)는 죽고 살고 하는 중생 경계를 말하는 것입니다. 그런데 이러한 것들이 아까 말마따나 근원에서 보면 번뇌가 바로 진리의 가장 순수한 진리인 보리요, 또는 죽고 살고 하는 생로병사(生老病死)나 인간세상의 상대유한의 그런 것이 바로 고생 바다가 아니라 청정미묘한 행복을 맛보는 극락세계입니다. 열반이란 극락이나 불타(佛陀)와 같은 뜻입니다.

따라서 우리가 공부할 때는 있다 없다 좋다 궂다 하는 그런 관념을 항시 두면 아까 말마따나 같은 공부를 해도 마음이 괴롭고, 유위법(有爲法)이라 자꾸만 걸려 버립니다.

우리가 행(行)은 다 하고 하지만 결국 우리 마음자리는 역시 깨달은 도인의 마음을 내 마음으로 한단 말입니다. 다시 말하면 근본 체(體)를 우리가 떠나지 않습니다.

우리 불교 수행자는 근본 체를 떠나지 않아야 합니다. 상에 얽매이지 않아야 합니다. 상에 얽매이면 결국은 마음이 괴롭고 몸도 거북합니다. 몸과 마음이 원래 둘이 아니기 때문입니다.

여러분 이것은 굉장히 중요한 것입니다. 몸과 마음은 분명히 둘이 아닙니다. 꼭 지금 사람들은 제아무리 말을 해도 몸과 마음을 둘로만 생각하니까 문제가 큽니다. 몸과 마음은 절대 둘이 아닙니다.

마음의 당체, 마음의 본질은 부처 아닙니까. 부처에게는 모든 공덕이 다 들어 있습니다. 부처는 물질이 아닙니다. 순수한 정신입니다. 순수한 정신이 어떻게 운동하는가? 순수한 정신이 운동하는 그런 법칙이나 운동하는 상황에 따라서 물질로 보입니다. 우리 중생에게 물질로 보이는 것이지 원래 물질이 있는 것이 아닙니다.

점차로 분자로 분석하고 원자로 분석하고 원자를 다시 소립자로 분석하고 들어가면, 물질의 가장 미세한 것인 중성미자(中性微子)라는 것이 있는데 이것은 질량(質量)도 열량(熱量)도 없습니다. 질량과 열량이 다 제로입니다. 그것은 물질이 아니라는 뜻입니다. 물질이 아닌 순수한 에너지만 우주에 충만한 것입니다. 그런 물질이 아닌 것들이, 에너지가 어떻게 모아지는가, 어떻게 운동하는가에 따라서 원자가 생기고 무엇이 생기고 합니다.

물리학(物理學)을 공부한 사람들은 물질의 끄트머리가 텅 빈 것을 압니다. 단지 텅 빈 그것이 무엇인가? 그것만 모르는 것이지 비었다는 것은 압니다. 분석하면 결국 제로가 되니 말입니다.

순수 에너지 장(場)만, 순수 에너지인 양자장(量子場)만 우주에 가득 차 있는 것입니다. 그 장(場 : field)의 실체가 불교에서 말하는 불성입니다. 따라서 순수 에너지의 장, 순수 에너지의 당체 그것이 불성인지라 불성은 우주에 충만한 것입니다.

우리가 범부라 하더라도 그것에 입각해서 사물을 봐야 합니다. 가장 근원에서 사물을 봐야 합니다. 그렇게 볼 때, 물질은 없습니다. 내 몸도 결국은 물질이 아닌 순수한 불성 기운이 이렇게 저렇게 뭉쳐서 운동하고 빙빙 돌아서 내 몸이 된 것입니다.

따라서 염파(念波), 식(識)의 파동(波動), 마음의 파동이 결국은 물질이 된 것입니다. 이런 말들은 여러분들이 잘 새기고, 나중에 물리학을 다시 보고 음미해 보십시오. 생각의 파동, 마음 파동이 이렇게 저렇게 되어서 무엇이 되고 무엇이 되고 한 것입니다.

따라서 그때는 이런 몸이란 당체는 사실은 없다는 말입니다. 따라서 병(病)도 없습니다. 병도 분명히 없는 것입니다. 콜레라 병균 자체도 결국은 불성입니다. 지금 저 에이즈(AIDS), 후천성면역결핍증이라는 무서운 병도 결국은 따지고 보면, 바이러스를 구성한 것은 순수한 불성입니다.

불성으로 그런 무서운 바이러스가 되었으니, 우리 생각만 불성에다 안 주시키면 그런 바이러스를 소멸시킬 수 있습니다. 그러기에 위대한 도인들은 신통(神通)을 다 합니다. 위대한 도인들은 하늘로 올라가고 별별 신통도 다 하는데 이러한 바이러스나 병균 같은 것들은 문제가 아닙니다.

사람들은 흔히들 삿되게 믿습니다. '물질이 있다' '내 몸이 이와 같이 있다'라는 고정관념(固定觀念)이 딱 박혀 있으니까 정신의 힘을 쓰지 못합니다. 정신의 힘은 팔이 하나 어긋나고 다리가 어긋나고 하는 그런 정도로는 우리 마음을 움직이지 못하는 것입니다. 원칙은 말입니다.

지난번에 신문을 보니까 어느 한 분이 양팔이 없고 양다리가 없는데 공부해서 목사가 되었다는 기사가 있었습니다. 물질은 없는 것입니다.

'보리방편문(菩提方便門)'이나 '실상관(實相觀)' 같은 관법(觀法)은 이와 같이 보리와 번뇌가 둘이 아님을 보는 관법입니다. 생사와 열반이 둘이 아닌 그 자리, 아까 말한 바와 같이 천지우주가 일미평등(一味平等)한 불성 자리를 놓치지 않고 공부하는 것입니다.

그 자리에다 마음을 두어서 그 자리를 조금도 벗어나지 않는 것이 공부인 것이지, 놓쳐 버리고 둘로 구분하고 셋으로 구분하고 그러면 그것은 체를 떠난 공부입니다. 체를 떠나지 않아야 참선(參禪)인 동시에 참다운 공부입니다.

참선은 무엇인가? '선시불심(禪是佛心)이요 교시불어(敎是佛語)'라 합니다. 선시불심, "선은 바로 부처의 마음"이라 하듯이 우리 마음이 그러한 일미평등(一味平等)한 불심(佛心)에서 떠나지 않아야 선(禪)입니다. '이 뭣고'나 '무(無)'자를 제아무리 외운다 하더라도 우리 마음이 불심에서 떠나 버리면 선이 못 되는 것입니다. 아미타불(阿彌陀佛)을 부르고 무엇을 부른다 하더라도 역시 우리 마음이 불심을 떠나 버리면 그때는 선도 못 되고 참다운 염불(念佛)도 못 됩니다. 순간 찰나도 불심에서 떠나지 않아야 합니다.

"번뇌가 즉 보리요, 생사 즉 열반"이라는 말은 구분이 없는 하나의 진리를 뜻합니다. 중생의 그릇 따라 저 지옥중생(地獄衆生)은 이 하나의 진리를 제일 모르는 중생이고, 차근차근 올라와서 아귀(餓鬼)는 더 알고, 축생(畜生)은 더 알고, 사람은 좀 더 알고, 천상(天上)은 더욱더 알고, 극락(極樂) 가면 천지우주가 불성임을 확연히 다 알아 버립니다.

그와 같이 일미평등(一味平等)한 우주가 그야말로 참 청정미묘(淸淨微妙)한 불타(佛陀)뿐인데 그 불타를 어떻게 아느냐에 따라서 그와 같이 구분이 생깁니다.

다 알아 버리면 그때는 천지우주가 내가 되고 내가 천지우주가 되는 것을 짐작할 수가 있겠지요. 번뇌가 즉 보리요, 생사가 즉 열반이라는 도리에 입각해야 합니다. 그래야 참다운 수법(修法)입니다.

여러분들이 아까 말한 '생멸사제(生滅四諦)'나 '무생사제(無生四諦)' 같은 사제(四諦)를 안다 하더라도 그것은 일차 아는 것이지, 우리가 입각할 데는 역시 마지막 판에 있는 무작사제(無作四諦) 즉 말하자면 범부의 헤아림이 없는 사제입니다.

이런 자리에 입각해야 합니다. 그런데 지금 보통 나와 있는 사제법문 풀이를 보면, 제일 밑에 있는 생멸사제(生滅四諦)만 겨우 풀이해 놓았을 뿐입니다. 가장 소중한 부처님의 참 뜻인 무량사제(無量四諦)나 무작사제(無作四諦)를 하지 않으면 곤란합니다. 그러면 근원(根源)을 모르고, 줄거리는 모르고서 이파리만 집착하는 격입니다.

입각(立脚)하여 단증(斷證)의, 끊고(斷) 증(證)하는, 조작(造作)을 떠나 버려야 합니다. 번뇌가 원래 없는데 어디서 무엇을 끊으며, 생사가 본래 없는데 무얼 떠나서 열반으로 간단 말입니까?

그러나 우리 범부지(凡夫智)에서는 역시 습기(習氣)가 있는지라 '있다 없다' '나다 너다' 구분하는 나쁜 버릇, 못된 버릇을 가지고 있습니다. 이러한 습기를 떼어내지 않으면 본래 있는 공덕을 발휘하지 못하고, 본래 있는 공덕을 수용해 쓰지 못합니다.

그러나 그렇다 하더라도 상(相)을 내면, 상을 두고 공부를 하면, 공부가 잘 통하지 않습니다. 상에 머물러 버리기 때문에 아무리 애쓰고 계행을 지키고 참선을 한다 하더라도 공부가 되지 않습니다. 그때는 '내가 범부다' '내가 죄가 있다' 그런 마음을 아예 갖지 말아야 합니다.

참회할 때는 '짐짓 상을 내서 내가 정말로 죄를 많이 지었구나' 이와 같이 한다 하더라도, 역시 우리 공부하는 분상에서는 아까 말한 바와 같이 탕탕무애(蕩蕩無礙)란 말입니다. '다 비어서 천지우주가 오직 불성뿐이다' 하는 거기에다 마음을 딱 두어 버려야 공부가 빠릅니다.

'내가 죄가 있다' '죄가 있다' 하면서 참회하고 눈물을 흘리고 하는데, 그것도 필요하기는 하지만 그것은 일차적으로 아까 말한 바와 같이 생멸사제 정도에서 하는 것입니다. 그것은 참회해도 상을 두는 참회입니다. 상을 두지 않는 참회는 그러한 것을 떠나서 '번뇌가 즉 보리요, 생사가 열반'이라는 불타의 체에 입각해서 참회하는 것입니다. 이러한 참회를 해야만 참다운 참회입니다. 그래야만 죄의 근원이 끊어집니다.

고집멸도(苦集滅道) 사제 가운데서 중요한 것은 무어라 해도 도제(道

諦) 즉 말하면 도(道)입니다. 이것이 멸(滅)에 이르는 길 아닙니까.

본래 생사가 없다 하더라도 역시 우리는 번뇌의 습기(習氣)가 있는지라 마땅히 우리는 도를 닦아야만 비로소 열반에 이르는 것입니다. 닦되 역시 아까 말한 바와 같이 상을 두고 닦을 것이 아니라, 상을 두지 않고 무위법(無爲法)으로 닦아야 합니다. 우리가 상을 두면 무위법이라 할 수 없습니다.

계행(戒行)을 지킨다 하더라도 상을 두면 유위법(有爲法)이고 상을 두지 않으면 무위법입니다. 물론 우리는 저절로 상이 안 나올 수 없습니다만, 상이 없다는 확신을 자꾸만 가져야 합니다.

2. 팔정도(八正道)

팔정도(八正道)라, '정(正)은 성(聖)이다. 기도편사(其道偏邪)를 리(離)하므로 정도(正道)라 운(云)하고, 또한 성자(聖者)의 도(道)이므로 성도(聖道)라 한다'

정(正)이나 성(聖)은 같은 뜻입니다. 성스럽다 하는 것도 역시 발라야 성스럽겠지요. 그러니까 정도(正道)나 성도(聖道)는 같은 뜻입니다. '기(其) 도(道)', 그 닦는 길이라는 말입니다. '도'에도 두 가지 뜻이 있습니다. 진리 자체를 도라 하기도 하고, 진리에 가는 길을 도라 하기도 합니다. 그와 같이 바로 당체를 도라고 하지만 우리가 생각할 때는 거기에 가는 길도 역시 도입니다.

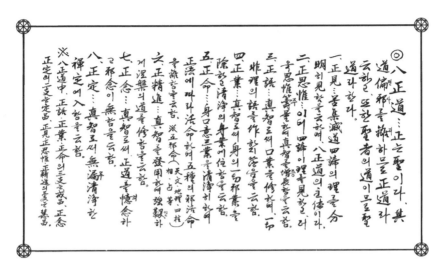

팔정도

'편사(偏邪)를 리(離)하므로 정도(正道)라 운(云)하고', 치우칠 편(偏)자, 삿될 사(邪)자, 떠날 리(離)자, 치우치고 삿됨을 떠나므로 정도라 말합니다. 그 길이 치우치거나 삿되면 정도라 할 수가 없겠지요. '또한 성자(聖者)의 도(道)이므로 성도(聖道)라 한다' 여기에 여덟 가지 법문이 있지 않습니까.

1) 정견(正見)

일(一)에 '정견(正見)이라, 고집멸도(苦集滅道) 사제(四諦)의 리(理)를 분명(分明)히 견(見)함을 운(云)하며, 팔정도(八正道)의 주체(主體)이다'

여러분들이 모두 배워서 알겠습니다만, 부처님 법문은 누가 말하나 항시 새로운 것입니다. '고집멸도(苦集滅道) 사제(四諦)의 리(理)를 분명(分明)히 견(見)함을 운(云)하며', 고집멸도 사제의 이치를 분명히 보지 못하면 정견(正見)이라 할 수 없습니다. 우리는 정견을 꼭 세워야 합니다. 정견을 바로 세우지 못하기 때문에 함부로 망동(妄動)을 하는 것입니다.

바른 견해, 바른 인생관, 바른 가치관이 정견입니다. 그러면 바른 인생관은 무엇인가? 역시 '우리 인생은 고(苦)다'라고 분명히 느껴야 합니다. 물론 근원적인 의미에서는 아까 말마따나 고(苦)나 집(集)이나 멸(滅)을 다 떠나 버렸지만, 현상적으로 볼 때는 인생은 고(苦)인 것입니다.

그래서 우리 수행자는 항시 현상적인 것을 몽환포영(夢幻泡影)으로 보고 고·공·무상·무아(苦·空·無常·無我), 실상적인 것, 생사(生死)가 없고 번뇌가 없는 실상, 상·락·아·정(常·樂·我·淨)을 참으로 봐야 합니다. 그와 같이 항시 대비(對比)해서 봐야 합니다. 정견(正見)은 고집멸도 사제의 그런 이치를 분명히 봄을 말하며, 이것이 팔정도(八正道)의 주체(主體)입니다.

다음에 정사유(正思惟), 정어(正語) 등이 있지만, 바른 가치관, 정견이 항시 주체입니다. 생활도 마찬가지로 바른 가치관이 있어야만 바른 생활을 할 수가 있듯이 수행도 역시 바른 정견이 앞섭니다.

인생고는 생로병사나 여러 가지 고(苦)에 해당하고, 고의 원인은 탐진치(貪嗔痴) 삼독심(三毒心)에서 일어나는 선악의 행위입니다. 그러나 그런 것을 다 떠나 버린 참다운 행복의 경계가 멸(滅)이고, 멸에 이르기 위한 길이 팔정도라고 하는 사제법문의 도리를 분명히 아는 것이 바른 견해입니다.

2) 정사유(正思惟)

이(二)에 '정사유(正思惟)라, 이미 사제(四諦)의 리(理)를 견(見)하고 더욱 사유주량(思惟籌量)하여 진지(眞智)를 증장(增長)함을 운(云)함'

사유(思惟)란 생각하는 것을 말합니다. '이미 사제(四諦)의 리(理)를 견(見)하고', 먼저 사제의 이치를 분명히 알고, '더욱 사유주량(思惟籌量)하여 진지(眞智)를 증장(增長)함을 운(云)함', 더욱 사유주량하여 참다운 지혜를 증장(增長)한다는 말입니다. 길이나 폭이나 다 늘리는 것이 증장입니다. 즉 말하자면 어떤 것을 길이나 폭이나 모두 더 늘리는 것이 증장입니다.

3) 정어(正語)

삼(三)에 '정어(正語)라, 진지(眞智)로써 구업(口業)을 수(修)하여 일체(一切) 비리(非理)의 어(語)를 작(作)하지 않음을 운(云)함'

정어(正語)란, 진지로써, 참다운 지혜로써 구업(口業)을 닦는다는 말입니다. 구업은 곧 입으로 짓는 업 아닙니까. 일체 비리(非理)의, 이치에 어긋나는, 이치가 아닌 말을 짓지 않음을 말한다는 뜻입니다.

이때도 앞서 설명한 생멸사제 같은 관념도 필요하지만 역시 근원은 아까 말한 무량사제입니다. 또는 무작사제처럼 상이 없는 사제를 근본에다 딱 두고서 말을 해야 합니다. 구업은 아시는 바와 같이 욕설, 이간하는 말, 거친 말, 꾸며서 하는 말 따위입니다.

4) 정업(正業)

> 사(四)에 '정업(正業)이라, 진지(眞智)로써 신(身)의 일체(一切) 사업(邪業)을 제(除)하고 청정(清淨)의 신업(身業)에 주(住)함을 운(云)함'

정업(正業)이란, 진지로써, 바른 지혜로써 몸의 일체 삿된 업을 다 없애고 청정한 신업(身業)에 머무름을 말한다는 뜻입니다. 이런 것은 우리가 다 아는 것 아닙니까. 하여튼 살생하지 않고, 훔치지 않고, 그릇된 음행을 하지 않고, 술 마시지 않는 것이 청정한 몸의 업, 신업입니다. 그런 몸으로 청정한 계율을 지키는 것, 몸으로 나쁜 업을 떠나는 것입니다.

5) 정명(正命)

> 오(五)에 가서는 '정명(正命)이라, 신구의(身口意) 삼업(三業)을 청정(清淨)히 하여 정법(正法)에 따라 활명(活命)하며, 오종(五種)의 사활명(邪活命)을 리(離)함을 운(云)함'
> (*오사명(五邪命) : 천문(天文), 지리(地理), 사주(四柱), 상(相), 점(占) 등)

정명(正命)이란, 신구의(身口意) 삼업, 몸으로 짓고, 입으로 짓고, 뜻으로 짓는 이 삼업(三業)을 청정히 하여, 정법(正法) 즉 부처님의 참다운 진리에 따라서 활명(活命) 즉 생활을 하며, 다섯 종류의 사활명(邪活命) 즉 삿된 생활을 떠나는 것을 가리키는 말입니다.

오사(五邪)는 무엇인가? 천문(天文)을 보는 것. 하늘의 별이나 보고서 아는 점만 치고 사는 것이 천문입니다. 지리(地理)를 보는 것. 풍수지리학(風水地理學)을 보고 도참설(圖讖說)로 이상한 말을 하는 것입니다. 사주(四柱)를 보는 것. 사주 즉 생년(生年)·월(月)·일(日)·시(時)를 따져 사람의 운명을 감정해서 뭐라고 헛된 말을 하는 것입니다. 또 상(相)을 보고서 점(占)을 하는 것 등이 사명(邪命)입니다. 지금은 더러 출가(出家)한 분들도 이런 것을 하는데, 이런 것은 모두가 삿되게 생활하는 것입니다.

삿된 생활을 떠나 청정한 신구의(身口意)로 우리가 생활해야 합니다. 따라서 직업도 바른 직업을 가져야 합니다. 바른 생활, 바른 직업을 갖는 것이 정명입니다.

6) 정정진(正精進)

육(六)은 '정정진(正精進)이라, 진지(眞智)를 발용(發用)하여 강인(强靭)하게 열반(涅槃)의 도(道)를 수(修)함을 운(云)함'

정정진(正精進)이란, 진지를, 참다운 지혜를 일으켜서 강인하게, 어떤 경우든 조금도 꺾이지 않고 강인하게 열반의 길, 열반은 영생해탈(永生

解脫), 극락, 영생과 같은 뜻입니다. 영생의 길을 닦음을 말한다는 말입니다.

비록 이런 것을 모두 안다 하더라도 게으름을 부리면 갈 수가 없습니다. 쉬지 않고 부단히 애써야 합니다. 정정진이란, 참다운 지혜를 일으켜서 강인하게 꿋꿋하게 꺾임이 없이 열반의, 영생의 길을 닦는다는 말입니다.

7) 정념(正念)

> 칠(七)에 가서 '정념(正念)이라, 진지(眞智)로써 정도(正道)를 억념(憶念)하고 사념(邪念)이 무(無)함을 운(云)함'

정념(正念)이란, 참다운 지혜로써 정도를 억념(憶念)하는 것, 억념은 마음 깊이 생각하는 것입니다. 깊이깊이 말입니다.

정견(正見)은 우리 불교에서 말하는 문사수(聞思修)라, 그냥 귀로 들어서 '아, 그렇구나' 이렇게 아는 것이지만, 정사유(正思惟)는 생각을 더 깊이 하고, 정념(正念)은 더 깊이 해서 확신을 가지는 것입니다. 억념은 마음 깊이 기억해서 잊지 않는다는 말입니다.

따라서 정견, 정사유, 정념은 그러한 정도의 차이입니다. 정견을 보다 더 깊이 하면 정사유이고, 보다 더 깊이 하면 정념입니다. 마음으로 기억해서 잊지 아니하여 사념(邪念)이 떠나면 그때는 삿된 생각이 없는 것입니다.

8) 정정(正定)

<blockquote>
팔(八)에 '정정(正定)이라, 진지(眞智)로써 무루청정(無漏淸淨)한 선정(禪定)에 입(入)함을 운(云)함'
</blockquote>

정정(正定)이란, 참다운 지혜로써 무루청정한 선정에 들어감을 말한다는 말입니다. 무루청정(無漏淸淨)은 무엇인가? 루(漏)는 '샐 루(漏)자'입니다. 번뇌를 '루'라 합니다. 물이 새는 것을 말합니다.

따라서 번뇌가 있는 법은 유루법(有漏法)이고, 번뇌가 없는 법은 무루법(無漏法)입니다. 마음이 쓸데없는 곳으로 새 버려서 온전치 못한 것이 루(漏)입니다. 번뇌가 있으면 마음이 쓸데없는 곳으로 새서 유루(有漏)고, 번뇌가 없으면 무루(無漏)입니다.

무루청정(無漏淸淨)한 수행은 어떤 것인가? 앞서도 말한 바와 같이 원래 번뇌가 없고 본래 무번뇌(無煩惱), 본래무일물(本來無一物)이란 말입니다. 본래 물질이라는 것은 아무것도 없고, 오직 부처님만 계시고, 오직 마음만 있음을 보는 수행이 무루청정한 수행입니다. 우리는 꼭 무루청정한 수행을 해야 합니다.

기독교와 불교의 여러 가지 차이점을 많이 거론하지만 기독교는 결국 하나님 따로 나 따로입니다. 하나님과 나를 하나로 보는 기독교 교리는 별로 없습니다. 물론 '마태복음서'나 '요한복음서'의 어느 수승한 대목에 가서 우리가 깊이 생각하면 그렇게 합리화시킬 수는 있다 하더라도, 우선 표현된 것으로 보면 기독교는 하나님 따로 나 따로입니다.

어떤 종교에도 불교처럼 '부처님과 나는 둘이 아니다' '천지우주는 부처님뿐이다'라고 하는 그런 수승한 진리는 없습니다. 그런 진리를 알아야만 참다운 우리 마음의 해방이 있고 참다운 자유가 있습니다.

하나님에게 창조를 당해서 얽매여 있다면 우리에게 자유가 없습니다. 참다운 자유, 참다운 인간의 존엄성은 불교밖에는 없습니다. 억지로 말하는 것이 아니라 사실이 그렇게 될 수밖에 없습니다.

불교는 그야말로 가장 수승한 것이 바로 내 마음이라고 하니까 말입니다. 또한 일체중생에게 그런 마음이 다 들어 있으므로 다 평등한 것이라고 불교는 가르칩니다. 따라서 참다운 평등, 참다운 자유, 참다운 존엄은 불교밖에는 없습니다.

천지우주가 오직 청정미묘(淸淨微妙)한 불성(佛性)뿐입니다. '청정미묘한 불성뿐'이라는 참 지혜에 입각해서 참선도 하고 염불도 해야 참다운 선정입니다.

억지로 싫은 것을 의심하고 따지고 하는 것은, 사실은 무루청정(無漏淸淨)한 참선이 못 됩니다. 세상에 더러운 것은 아무것도 없고, 의심할 것도 없고 의심할 건덕찌도 없습니다. 의심할 건덕찌도, 차별할 만한 어떤 엉터리도 없습니다. 아까 말한 바와 같이 청정미묘(淸淨微妙)한 불성에 입각한 수행이 되어야만 무루청정(無漏淸淨)한 참선이고 염불입니다.

우리가 불공(佛供)을 모신다 하더라도, 또는 영가(靈駕)를 천도(薦度)한다 하더라도 이와 같이 무루청정한 마음에 입각하면 훨씬 더 천도가 빠릅니다.

팔정도(八正道) 중(中), 정어(正語) 정업(正業) 정명(正命)의 삼지(三支)

는 계품(戒品), 정념(正念) 정정(正定)의 이지(二支)는 정품(定品), 정견(正見) 정사유(正思惟) 정정진(正精進)의 삼지(三支)는 혜품(慧品).

팔정도 가운데, 정어는 참다운 말을 뜻합니다. 사제의 진리를 다 알고서 참다운 지혜에 입각해서 말을 하는 것입니다. 정업도 역시 참다운 지혜에 입각해서 몸으로 하는 행동입니다. 정명도 참다운 지혜에 입각해서 생활하는 것입니다. 참다운 진리가 앞서지 않으면 정업도 정명도 못 되는 것입니다.

꼭 참다운 지혜가 앞서야 합니다. 다시 말하면, 참다운 가치관이 앞서야만 바른 말, 바른 업, 바른 생활이 됩니다. 같은 말도 알쏭달쏭하게 억지로 하면 위선(僞善)에 불과합니다. 도리에 입각해서 말해야 합니다. 도리를 억념해 가지고서, 도리에 입각해서 우리가 바른 말을 하고, 바른 업을 짓고, 바른 생활을 해야만 그것이 무루청정한 삼업(三業)입니다.

팔정도 가운데 정어, 정업, 정명의 삼지(三支), 이 세 가지는 계품(戒品) 즉 계행, 계율에 해당하는 것이고, 정념, 정정은 정품(定品) 즉 선정에 해당합니다. 또 정견, 정사유, 정정진 이 세 가지는 혜품(慧品)에 해당합니다.

부처님의 여러 가지 수행법(修行法)을 간추리면 계(戒)와 정(定)과 혜(慧) 아닙니까. 즉 삼학도(三學道), 석 삼(三)자, 배울 학(學)자, 길 도(道)자, 이것이 가장 간추린 수행 방법인데, 좀 부연하면 이와 같은 팔정도(八正道)입니다. 더 부연하면 무량의 수행법이 있겠지요.

팔정도를 더욱 줄이면 방금 말한 바와 같이 정어, 정업, 정명 이 세 가지는 계품 즉 계행에 해당하고, 정념, 정정 두 가지는 정품 즉 선정에 해당하고, 정견, 정사유, 정정진 세 가지는 혜품 즉 지혜에 해당하게 됩니다. 요컨대 계정혜(戒定慧) 삼학도(三學道)라 할 수 있는 것입니다.

나무아미타불! 나무아미타불! 나무본사아미타불!

제3부
십이인연법(十二因緣法)[*]

부처님께서 말씀하신 수행법(修行法)이 많이 있으나 세 차원으로 나누어서 말할 수가 있습니다. 한 가지는 사제법문(四諦法門)입니다. 사제법문은 성문승(聲聞乘)인데, 소리 성(聲)자, 들을 문(聞)자, 탈 승(乘)자, 부처님의 법문(法門)을 듣고서 겨우 알 수 있는 정도가 성문승입니다. 성문승에 대해서 하는 법문이 사제법문입니다.

그다음에는 십이인연법(十二因緣法)입니다. 근기로 봐서는 조금 더 나아져서 부처님 말씀도 안 듣고 또는 다른 어느 성자(聖者)의 말씀을 안 듣는다 하더라도 스스로 사색(思索)도 하고 스스로 판단해서 이치를 아는 사색적인 사람들이 하는 수행법이 십이인연법입니다.

그리고 육바라밀(六波羅蜜)이 있습니다. 보다 더 나은 수승한 분들, 그

* 이 법문은 청화 큰스님께서 1987년 3월 8일 태안사 3년 결제 중 해회당에서 하신 법문입니다.
  행자님들을 위해 설법을 시작하셨는데, 둘째 날부터 선방 스님 몇 분과 신도 몇 분이 참여했다고 합니다.

분들은 명색이 보살(菩薩)들인데 보살의 근기는 스스로 사색도 하지만 또한 동시에 주로 모든 중생(衆生)을 제도하겠다는 서원(誓願)이 있습니다.

성문승(聲聞乘)이나 십이인연법(十二因緣法)을 연구하는 연각승(緣覺乘)은 모든 중생을 제도하겠다는 그런 넓은 서원은 별로 없습니다. 그러나 그런 서원을 세운 분들, 즉 보살 근기는 육바라밀로 공부합니다.

부처님 경론(經論)의 일대시교(一代時敎)를 한마디로 말하면 다음과 같습니다. 우선, 부처님이나 선지식(善知識)들의 말씀을 듣고 공부하는 성문승이 있습니다. 성문승은 남의 말을 듣고 공부하는 것입니다. 성문승은 고집멸도(苦集滅道) 사제법문으로 공부를 합니다.

그보다 좀 더 나은 근기가 십이인연법인데, 이것은 연각승, 인연 연(緣)자, 깨달을 각(覺)자, 탈 승(乘)자입니다. 인연을 따라서 깨닫는다는 말입니다. 누구한테 별로 말도 안 듣지만 과거 전생(前生)에 자기 선근(善根)으로 인해 생각을 많이 해서 사색하고 스스로 참구(參究)해서 깨닫는 그러한 근기들이, 닦는 법이 십이인연법입니다.

그리고 육바라밀이 있습니다. 이것이 부처님 일대시교의 세 가지 공부하는 법의 대요(大要)입니다. 사제법문(四諦法門), 십이인연법(十二因緣法), 육바라밀(六波羅蜜) 말입니다.

그러기 때문에 우리가 이런 기초 법문을 몇 가지만 외워 버리면 무슨 경(經)을 본다 하더라도 별로 막힘이 없습니다. 그러나 기초 법문을 들어 놓지 않으면 그때그때 무슨 말이 나오면 무슨 말인지 모릅니다. 즉 말하자면, 불교 술어 때문에 자꾸만 막힙니다. 그러므로 불교 공부를 하려면, 먼저 기본적인 불교 술어를 이해하여야 합니다.

특히 십이인연법이 중요한 것은, 부처님께서 깨달을 때에 몸소 하신 수행법이기 때문입니다. '과연 내 생명이 무엇인가?' 하고 부처님께서 자기 생명의 근원을 탐구하신 법이 십이인연법입니다.

'내가 지금 존재하지만 과거에 나는 무엇일까?' 그와 같이 거슬러 올라가서 자기 생명의 근원을 탐구하셨습니다. 또한 '나는 죽어서 어떻게 될 것인가?' 하고 자기의 미래를 사색하고 그와 같이 과거, 현재, 미래를 사색하면서 자기 생명의 소재를, '나의 생명은 대체로 근원이 무엇인가?' 하는 생명의 소재를 탐구한 법이기 때문에 십이인연법은 중요한 것입니다.

따라서 부처님께서 보리수 아래서 성불(成佛)하실 때에 다른 공부도 물론 탐구하셨지만 특히 십이인연법을 탐구해서 깨달으셨습니다.

열 십(十), 두 이(二), 인연 인(因), 이것은 원인이란 인(因)입니다. 인연 연(緣), 법 법(法), 치우칠 벽(僻), 또는 물리칠 벽(僻), 지탱할 지(支), 부처 불(佛), 볼 관(觀), 법 법(法), 새로울 신(新), 풀 역(譯), 번역한다는 뜻의 풀 역(譯)자입니다.

열 십(十), 두 이(二), 인연 연(緣), 일어날 기(起), 예 구(旧), '신구(新舊)'라 할 때의 구(舊)자의 약자입니다. 새로운 것은 신(新)이라 쓰고 낡은 것은 구(舊)라 하지 않습니까.

예 구(旧), 풀 역(譯), 열 십(十), 두 이(二), 인연 연(緣), 인연관(因緣觀), 지탱할 지(支), 부처 불(佛), 볼 관(觀), 지불관(支佛觀), 이 차(此), 무리 중(衆), 날 생(生), 석 삼(三), 인간 세(世), 건널 섭(涉), 간섭(干涉)한다고 할 때에 이 한자를 씁니다. 또한 섭렵(涉獵)이라고 하는 것은, 책이나 이것저것 모든 학문을 많이 공부하고 경험(經驗)도 많이 하는 것이지요.

길 도(途)자는 길 도(道)자와 같이 쓰입니다. 같이 쓰이나 진리(眞理)라고 말할 때는 길 도(道)자를 쓰고, 진리 외에 무슨 방도나 무슨 방법을 말할 때는 이 한자를 씁니다.

같은 '길 도'라고 말하지만, 진리를 말할 때 즉 보리(菩提)나 진리(眞理)를 말할 때는 길 도(道)를 쓰는 것이고, 그 외에 가령 '육도윤회(六途輪廻)한다. 지옥(地獄), 아귀(餓鬼), 축생(畜生), 수라(修羅), 인간(人間), 천상(天上)으로 육도윤회한다'라고 할 때의 '육도'는 도(途)자를 쓰는 것입니다.

바퀴 륜(輪), 돌 회(廻), 윤회(輪廻)란 빙빙 돈다는 말입니다. 즉 말하자면 끝도 갓도 없이 개미 쳇바퀴 모양으로 빙빙 돈다는 말입니다.

버금 차(次), 차례 제(第), 인연 연(緣), 일어날 기(起), 말씀 설(說), 십이인연법이란 무엇인가 하면, 벽지불의 관법(觀法)입니다. 그러면 벽지불이란 어떤 것일까요?

성자(聖者), 성인(聖人)을 불교에서는 세 차원으로 구분합니다. 부처[佛]가 있고, 그다음에 보살(菩薩), 연각(緣覺), 성문(聲聞)이 있는데, 부처를 제외한 성자는 세 등급으로 구분합니다. 즉 말하자면 가장 높은 성자가 보살 아닙니까? 그다음에 벽지불입니다. 그다음에 아까 말한 성문입니다. 성문은 아라한(阿羅漢)이라고도 합니다. 부처와 성자를 합치면 네 속성으로 구분하지만, 부처를 떼어 놓으면 성인들을 세 차원으로 구분합니다.

부처 다음에는 보살, 벽지불입니다. 벽지불을 연각(緣覺)이라고 하지요. 그다음에는 아라한(阿羅漢)이 있습니다. 아라한은 나한(羅漢)이라고도 하지요. 이것은 도(道)가 얼마나 높은가에 따라서 구분해서 말하는 것입니다.

도(道)를 성취해서 중생(衆生)을 제도하는 정도는 보살이고, 자기만 닦아서 겨우 자기 생명의 근원을 아는 정도는 벽지불입니다. 또한 성문은 남의 말을 듣고서 깨달은 자입니다. 말하자면 아라한이 성문법에 해당하는 셈입니다. 그러기 때문에 벽지불, 아라한과 그 위에 있는 보살을 합해서 3성인입니다. 부처와 합치면 4성인이 되겠지요.

그런데 불교 법문에는 이것이 다 통용(通用)이 됩니다. 통용이 되지만 특별히 어떤 성품(性品)은 어떤 공부를 한다고 하는 특별한 것이 없잖아 있습니다.

아까 말한 바와 같이 근기가 낮은 사람들은 사제법문(四諦法門)으로 공부합니다. 그러나 그렇다고 해서 꼭 그 사람들만 하는 것이 아니라 일체 불교에 다 통해 있습니다.

십이인연법도 역시 주로 벽지불, 즉 자기만 탐구하는 분들이 주로 공부하지만, 또한 불교를 전부 다 통관(通貫)하는 법문입니다. 부처님 법문이란, 아무리 쉬운 법문도 근원을 꿰뚫어 있으니까 말입니다. 그러기 때문에 그것이 어렵다면 어려운 것입니다.

그러니까 불교 자체가 원래 다 아시는 바와 같이 인생과 우주의 근본 원리를 탐구하는 가장 고도한 철학이기 때문에 사실 아무리 쉽게 해도 역시 하다 보면 결국 어렵게 되지 않을 수가 없습니다. 우주를 통관해서 관찰하니까 말입니다.

이것은 곧 '인간은 무엇인가?'를 관찰하는 것입니다. 우리가 먹고 사는 경제 문제나 생각하고 정치를 하는 것이나 생각하면 쉽습니다만 인간 생명의 근본을 생각할 때는 역시 문제가 어렵습니다.

인류 역사의 오랜 동안, 개벽(開闢) 이래 그야말로 몇 만 년 동안이나 되는 것이고, 역사 시대만 두고 보더라도 벌써 몇 천 년 동안인데 말입니다. 그동안에 '사람이 무엇인가? 인간성이 무엇인가?'라는 문제를 탐구해 봤지만 다른 것으로는 확연히 해답을 내지 못했습니다. 그 오랜 세월 동안 우리 인류가 탐구하고 탐구해서 해답을 내지 못한 문제이기 때문에 지금 이것이 어려운 것입니다.

그러기 때문에 학인(學人)들도 그런 것을 생각해서 공부를 해야지, 까다롭다고만 하면 불교는 공부할 수가 없지요. 이와 같이 교리(敎理)로 해서는 어려운 것입니다.

그러나 불교란 결국 마음을 깨닫는 길입니다. 교리만 따지고 있으면 평생을 다해도 할 수가 없는 것입니다. 참선(參禪)은 불립문자(不立文字)라 하여, 문자를 떠나서 오직 마음만 닦는 것입니다.

불교란 어려운 것이지만 '마음이 무엇인가? 마음 깨닫는 하나의 방편(方便)에 불과하기 때문에 문자를 떠나서 마음만 닦으면 된다'고 해서 염불(念佛)이나 참선(參禪)이 있는 것 아닙니까. 그러므로 교리는 아무 것도 배우지 않는다 하더라도 내 마음이 부처인 줄을 믿고서 닦으면 되는 것입니다.

그러나 현대 사회가 하도 복잡하고 갈래가 많고 불교도 여러 가지로 복잡하기 때문에 어느 정도 체계가 서지 않으면 확신이 서지 않습니다. 체계가 딱 서야지만 다른 삿된 것과 구분해서 알 수 있고 확신이 서게 됩니다.

같은 불교도 18종파가 있어, 종파들마다 각기 자기 종파가 옳다고 합니다. 그러므로 체계가 서 있지 않으면 무엇이 무엇인지 한계를 모르게 됩니다. 과연 어느 것이 좋은지, 어느 것이 그른지 한계를 모른단 말입니다.

불교가 어렵지만 여러분들은 대체로 고등학교 이상은 나왔으니 충분히 인생철학을 공부할 수 있는 시기입니다. 먼저 부처님 당시에 말씀하신 고집멸도(苦集滅道) 사제법문(四諦法門)을 배워야 합니다. 인생고(人生苦), 그리고 인생고의 원인인 집(集), 인생고를 떠나서 참다운 영생(永生)의 행복인 멸(滅), 또 영생의 행복에 이르는 방법인 도(道), 도는 팔정도(八正道)입니다.

그러한 사제법문과 십이인연법과 앞으로 배울 보살의 육바라밀법 정도는 우리가 명확히 명념(銘念)을 해야 합니다.

'이는 벽지불의', 벽지불이란 자기만 주로 공부하는 그러한 근기의 '관법(觀法)으로서', 관조(觀照)하는 법으로서, 불교의 수행법은, 따지고 보면 모두가 다 관법(觀法)입니다. 관조(觀照)한다는 뜻입니다.

우리 중생이 지금 보이는 것이 아니니까 말입니다. 우리 중생은 '네가 있다. 내가 있다' 이렇게 눈에 보이는 것밖에는 보지 못하는 것인지라 우리가 바로 보지 못하는 것입니다. 그러기 때문에 부처님께서 말씀하신 정법(正法), 바른 식견(識見)을 보기 위해서는 우리가 오랫동안 관조(觀照), 관찰(觀察)함으로써 번뇌(煩惱)를 맑히고 진리를 보아야 합니다.

부처님의 수행법은 모두가 사실은 한마디로 말하면 관법(觀法)이지요. 모두가 다 '어떻게 관(觀)하라. 어떻게 관조(觀照)하라'는 가르침입니다. 우리 중생 업(業)으로 진리(眞理)가 보이지 않지만 결국은 진리를 관조

◎ 十二因緣法…이는 辟支佛의 觀法으로서, 新譯으로는 十二緣起요 舊譯으로는 十二因緣이며, 또는 因緣觀이니 支佛觀이라고도 한다. 此는 衆生이 三世에 流轉하여 六道에 輪廻하는 次第緣起를 說한 것.

一. 無明…過去世의 無始煩惱.

二. 行…過去世의 煩惱에 依하여 作한 善惡의 行業.

三. 識…過去世의 業에 依하여 受한 現在 受胎의 一念.

四. 名色…胎中에서 心身이 發育하는 位를 云함이니, 名이란 心法으로서 心法이란 体로 現示하기 어려운 것이나 名으로써 表現하는 수 있으므로 名이라 하고, 色이란 眼等의 身이라.

五. 六處…바로 六根이니, 六根이 具足하여 將次 出胎코자 하는 位를 云함.

六. 觸…二, 三歲때 事物에 對하여 아직 苦樂을 識別하지 못하고 다만 事物에 接觸하고자 하는 位임.

七. 受…六, 七 以後에 事物에 對하여 苦樂을 識別하고 此를 感受하는 位임.

八. 愛…十四, 五歲 以後에 種種의 強盛한 愛欲을 生하는 位를 말함.

십이인연법-앞

九、取…成人이후에 愛慾이 尤盛함에 따라 諸境에 馳騁하여 所欲을 取求하는 位를 말함。

十、有…愛、取의 煩惱에 依하여 種種의 業을 지어 當來의 果를 定하는 位니 有란 곧 業으로서、業이 能히 當來의 果를 含有함으로 有라 名함。

十一、生…現在의 業(有)에 依하여 未來의 生을 受하는 位를 말함。

十二、老死…來世에서 老死하는 位임。

※ 以上 十二因緣中에서 無明과 行의 二는 곧 惑業의 二로서 過去世의 因에 속하고 識、名色、六處、觸、受의 五는 過去惑業의 因에 緣하여 受한 現在의 果에 屬하니 此는 過現一重因果며 또한 愛、取의 二는 現在의 惑이오 有란 現在의 業이며、이 惑業의 現在因에 緣하여、未來의 生과 老死의 果를 感할새、此는 現未一重因果이다。위의 過現一重과 現未一重을 合稱하여 三世兩重因果라 하는데、此兩重의 因果에 依하여 輪廻가 無窮함을 알 수 있다。

십이인연법-뒤

함으로써 차근차근 진리와 하나가 되어 갑니다.

'신역(新譯)으로는', 중국에서의 경전 번역도 신역과 구역이 있습니다. 구역(舊譯)은 구마라집이 한 번역입니다. 그러니까 신역보다 연대(年代)가 위지요.

신역(新譯)은 현장법사가 한 번역입니다. 현장법사는 여러분들이 잘 아시지요. 손오공(孫悟空) 데리고 인도에 가서 법을 구한 현장법사입니다. 현장법사 이후에 한 번역이 신역입니다. 즉 말하자면, 연대가 뒤인 새로운 번역이란 말입니다.

그러나 그와 같이 신역이니 구역이니 하는 것도 역시 그 당시에 말한 것이고, 사실은 현장법사도 벌써 지나간 지가 천 년 세월이 넘습니다.

'신역(新譯)으로는 십이연기(十二緣起)요, 구역(舊譯)으로 십이인연(十二因緣)이며', 그러니까 열두 가지 속성으로 인생의 나고 죽고 하는 문제를 풀이했다는 말입니다.

인생의 나고 죽고 하는 문제가 십이인연법에 다 포함되어 있습니다. 그렇기 때문에 굉장히 중요한 것입니다. 아까 말한 바와 같이 석가모니 부처님께서 '내가 무엇인가?' 하는 문제를 이와 같은 사색으로 해서 공부하셨습니다. 즉 이와 같은 관법(觀法)으로 공부했단 말입니다.

'또는 인연관(因緣觀)이라', 불교에서 말하는 인연법이라는 말입니다. 인연법이라는 것도 역시 이런 데 근원을 둡니다.

'모두가 인연이다. 좋으나 궂으나 인연이다' 그와 같이 쉽게 말하지만, 인연이라는 것이 따지고 보면 불교 전부를 다 포섭한 심심미묘(深深微妙)한 법문입니다.

원인(原因)이 있으면 연(緣)이 있고, 연(緣)이 있으면 과(果)가 있습니다. 인과(因果)라 할 때는 인(因), 연(緣), 과(果) 가운데서 연(緣)을 빼 버리고 간단히 인과라고 하지요. 그러나 보다 구체적으로 말하면 인연과(因緣果)라 해야 합니다. 인(因)과 연(緣)과 과(果) 말입니다.

원래 종자(種子)인, 가령 우리가 종자를 둔다고 하면 종자는 인(因)에 해당하고, 종자를 움트게 하는 땅이나 일광(日光)이나 수분(水分)이나 비료나 이런 것은 연(緣)에 해당합니다. 그것이 성장해서 열매를 맺는 것은 과(果)에 해당하지 않겠습니까. 그와 같이 모든 것은 인연과(因緣果)로 해서 생성하고 소멸해 갑니다.

'인연관(因緣觀)이나 지불관이라고도 한다', '벽지불'을 '벽'자를 빼 버리고서 그냥 '지불'이라고도 간단히 말합니다.

'차(此)는 중생(衆生)이 삼세(三世)에', 우리 중생이 과거, 현재, 미래를 통해서 육도(六道)에 생사윤회(生死輪廻)하는, 중생이 죽고 살고 갔다 왔다 하는 경계(境界)가 육도 아니겠습니까. 가장 나쁜 갈래는 지옥(地獄), 아귀(餓鬼), 축생(畜生)입니다. 이러한 갈래는 나쁘니까 삼악도(三惡道)라고 하지요. 세 가지 악도(惡道)라 그래서 삼악도입니다.

그 외에 수라(修羅), 인간(人間), 천상(天上), 아수라(阿修羅)도 역시 우리 인간의 눈에는 안 보이는 것입니다. 우리 눈에 안 보이는 아수라는 아주 힘이 굳센 귀신입니다. 따라서 우리가 공부 방식도 모르고 산에 가서 공부하면 더러는 아수라가 씌워 가지고 굉장히 힘도 내고 아는 척도 많이 하게 됩니다.

인간의 눈에는 안 보이지만은 깊은 산중에나 바다 가운데 존재하는 대력신(大力神), 큰 힘을 가진 신(神)이 아수라 신인데, 아수라와 인간과 천상은 좋은 데라고 해서 삼선도(三善道)라고 합니다. 물론 극락(極樂)

같은 곳은 못 되겠지만, 하여튼 악도에 비해서는 좋다고 해서 삼선도(三善道), 착할 선(善)자, 삼선도라고 합니다.

그래서 지옥·아귀·축생을 삼악도(三惡道)라 하고, 아수라·인간·천상 등 삼선도(三善道)를 합해서 육도(六道)라고 합니다.

이와 같은 육도에 우리 중생은 갔다 왔다, 갔다 왔다 합니다. 앞에서 말한 것처럼 우리가 업(業)을 지으면 인간보다 못하게 태어납니다. 가령 금생(今生)에 요새 사람들처럼 잘 싸우면, 죽고 나서 아수라로 태어나 싸움을 좋아하게 됩니다. 우리가 함부로 남을 많이 죽이면 지옥으로 갑니다.

그러나 십선업(十善業)을 닦아서 말조심하고 행동 주의하고 마음으로 항시 맑은 마음 가지면 천상(天上) 가서 태어납니다. 또는 그런 죄악의 씨앗을 다 없애고서 완전무결하면 그때는 극락(極樂) 가서 태어납니다. 그와 같이 우리가 태어나는 것인데, 극락(極樂)은 성자(聖者)만 가는 곳인지라, 일반 중생한테는 아까 말한 바와 같이 삼악도(三惡道), 삼선도(三善道)란 말입니다. 지옥, 아귀, 축생 등 삼악도와 싸움을 좋아하는 아수라와 인간과 천상 등 삼선도입니다.

이런 '육도(六道)에 윤회(輪廻)하는', 뱅뱅 돈단 말입니다. 뱅뱅 도는 '차제(次第) 연기(緣起)를', 인과가 차례로 일어나고 없어지고 하는 것을 말씀한 이것이 십이인연법(十二因緣法)입니다.

따라서 이것은 그야말로 우리 생명(生命)에 가장 접근된, 가장 밀접한 법문입니다. 과연 내가 어떻게 해서 나왔습니까? 왕자건 누구건 아무리 잘났다 하더라도 결국은 십이인연법의 범주 내에서 윤회하는 가운데 인간으로 잠깐 나왔을 뿐입니다.

生從何處來
生也一片浮雲起
死也一片浮雲滅
浮雲自体本無實
生死去來亦如然
獨有一物常獨露
湛然不隨於生死
死向何處去

사향하처거

죽으면 어디로 갈 것인지 알 수가 없는 것입니다. 다만 업(業) 따라서, 자기가 지은 행위 따라서 내세(來世)에 가서 과보(果報)를 받을 뿐이라 우리 중생은 내세가 안 보이니까 알 수가 없습니다. 그렇게 생각할 때 우리 중생은 그야말로 참 캄캄한 것입니다. 내가 과거에 어디서 왔는가, 또한 죽으면 어디로 갈 것인가 모릅니다.

여러분들이 지금 재(齋)를 모실 때에 항시 듣는 '생종하처래(生從何處來)하고 사향하처거(死向何處去)라', 우리 생(生)이란 대체 어디서 왔는가? 죽으면 어디로 갈 것인가? 이런 문제를 천박한 사람들은 그냥 보아

넘깁니다만, 깊은 사람들은 이런 생명의 본질 문제를 그냥 보아 넘길 수가 없는 것입니다. 또는 나이가 많아지면 자연히 그런 문제를 생각하지 않을 수가 없습니다. 죽음이 임박하니까 말입니다.

1. 십이인연법

1) 무명(無明)

일(一)에 가서 '무명(無明)'이라, 무명은 무지(無智)와 같습니다. 즉 말하자면, 진리를 모른다는 말입니다. 명(明)은 진리와 같은 뜻입니다. 따라서 무명은 진리에 어둡다는 말입니다. 그래서 무지무명(無智無明)이라, 이와 같이 겹쳐 말해도 무지(無智)와 같습니다.

무명은 무엇인가? '과거세(過去世)의 무시번뇌(無始煩惱)'라, 과거세에 처음이 없는 번뇌란 말입니다. 우리는 과거에 한 생(生)만이 아니라 몇 만 생, 몇 천 생 되풀이해 왔습니다. 그러기 때문에 우리 번뇌 역시 한도 끝도 없습니다. 즉 말하자면 몇 만 생이나 내 생명이 지나갔는가 알 수가 없습니다. 그런데 그 원인은 무엇인가 하면 결국은 번뇌입니다. 번뇌와 무명은 같은 뜻입니다. 진리를 모르니까 번뇌가 나오는 것이고, 바로 그것이 무명 무지 아닙니까.

무명을 다시 풀이해 말하면, 내 본질과 우주의 본질을 모른다는 말입니다. 가령 김 아무개 같으면 김 아무개라는 것만 아는 것이지 내 생명의 본질을 모릅니다. 이것도 역시 무명 아닙니까. 전기가 있으면 전기의 원인이 무엇인지 그 본질을 모릅니다. 그것이 무명입니다. 이와 같이 우리 중생은 현상적인 것만 좀 알 뿐이지 근원을 전혀 모릅니다. 따라서 제아무리 학식(學識)이 많다고 해도 결국은 무명을 못 벗어나지요. 무명이 있기 때문에 결국 우리가 몸을 받습니다. 우리가 죽으면 육체는 결국 화장하면 재가 되는 것이고 땅에 파묻으면 흙이 되어 버리지요. 벌레가 다 먹어 버립니다. 그때는 아무것도 안 남습니다. 아무리 잘났더라도 결국 죽으면 이 몸은 흔적도 없는 것입니다. 다시 이런 몸으로 태어날 수도 없는 것입니다. 이 몸으로는 결국 한 번 살다 갈 뿐입니다. 그런데 죽으면 그와 같이 몸을 버리되 우리 생명은 죽지가 않습니다. 그러기 때문에 생명은 금생에 지은 업(業)이 거기에 묻어서 업의 기운 때문에 업을 따라서 갑니다.

아까도 말했지만, 가령 살생(殺生)을 많이 하면 살생이라는 업, 죽었다는 업 때문에 우리 마음에 묻어서 업 그놈의 무게 때문에 지옥으로 스스로 들어가는 것입니다. 누가 잡아당기지 않아도 말입니다. 그런 것이 마치 저승사자가 끌고 가는 것과 같은 기분이기 때문에 사자가 데려간다고 하는 것이지 사실은 자기 업 기운 때문에 끌려가는 것입니다.

또한 탐욕이 많고 애욕도 많고 욕심이 많으면 아귀(餓鬼)입니다. 보통 우리가 속가에서 '허천아귀'라, '걸신(乞神)들렸다'고 하는 말과 같이 먹어도 먹어도 조금도 양이 안 찹니다.

욕심이 끝도 갓도 없고, 식욕뿐만 아니라 애욕이나 명예욕도 있습니다. 그런 욕심이 소위 오욕(五慾)인데, 재(財)·색(色)·명(名)·식(食)·수(睡)라, 재물(財物) 또는 명예욕, 애욕, 식욕, 잠욕(수면욕) 같은 것이 끝도 갓도 없는 욕심입니다. 이러한 욕심이 더욱 많은 존재가 아귀 아닙니까. 아귀는 주릴 아(餓)자, 귀신 귀(鬼)자로서, 항시 욕심이 많아서 채

워지지 않습니다.

분수를 알고 만족해야만 채워지는 것이지 만족하지 못하면 그때는 한 도 끝도 없습니다. 그러기에 수미산, 히말라야산 같은 금덩이가 있다고 하더라도 중생은 만족을 모릅니다.

이러한 끝도 갓도 없는 과거전생이 있습니다. 전생도 더 올라가 보면 결국은 끝도 갓도 없는 것이고, 이와 같이 무시(無始), 시작도 없고 끝 도 갓도 없는 번뇌가 곧 무명입니다. 우리가 죽으면 이런 번뇌가, 번뇌 를 벗어 버리고 업(業)이 없어지면 모르지만 업이 있는 한 역시 업을 따 라서 갑니다.

살생도 좀 덜하고 오계(五戒)를 지키면 사람으로 인도환생(人道還生)하 는 것이고, 조금 더 낫게 십선업(十善業)을 지키면 그때는 천상(天上)에 가는 것입니다. 수행을 많이 해서 마음이 청정하여 업장(業障)이 없으 면, 죽자마자 극락(極樂)으로 바로 올라가 버립니다.

그러나 업(業)이 많고 무명(無明)이 있으면, 죽은 뒤에 다시 무명 따라 서, 즉 말하자면 업 따라서 육도(六道)로 간단 말입니다. 지옥, 아귀, 축 생, 수라, 인간, 천상으로 갑니다. 업장이 없어야만 극락 가는 것이고, 업장이 있는 한 결국은 육도 가운데서 항시 뱅뱅 윤회를 합니다.

2) 행(行)

행(行)이란, '과거세(過去世)의 번뇌(煩惱)에 의(依)하여 작(作)한 선악 (善惡)의 행업(行業)' 즉 말하자면 업(業)이란 말입니다. 업에는 선(善) 도 있고 악(惡)도 있는 것 아닙니까? 악업(惡業)만 업이 아닙니다. 선업 (善業)도 업입니다.

우리가 죽으면 몸은 사라지고 우리 영혼이 헤매다가 부모의 연(緣)을 만납니다. 부모란 남녀 간에도 업장(業障)이 없으면 결합이 되지 않는 것인데, 그 남녀 간도 따지고 보면 아무리 화목한 부부라 하더라도 역시 깊은 의미에서는 하나의 업장 때문에 또는 애욕(愛慾) 때문에 같이 뭉치는 것입니다. 애욕이 없으면 남녀 간에 결합이 되지 않는 것입니다. 즉 무명 때문에 남녀가 결합이 됩니다.

남녀가 결합이 되어서, 결합되는 그 기운을 결국은 헤매는 영혼이 본단 말입니다. 영혼이 그것을 보고 내외간에 결합된 그런 기운과 영혼의 염파(念波), 파동(波動)이 딱 들어맞으면 그 영혼이 거기 가서 딱 들어붙는 것입니다. 이렇게 해서 자기 어머니 태(胎)에 탁태(托胎)합니다.

지금 우리 공간 내에는 굉장히 많은 영(靈)들이 있습니다. 아까 말한 대로 영혼의 파동(波動), 영혼의 힘과 내외간의 결합하는 힘, 부모의 연(緣)이 같은 범위에 있을 때 영혼이 딱 하고 들어선단 말입니다. 보다 세밀한 설명도 있습니다만 그런 것까지 할 필요는 없습니다. 아무튼 이와 같이 자기 부모의 연을 만나 태중(胎中)에서 자란 뒤 나중에 태어나게 됩니다.

그와 같은 경로로 십이인연법(十二因緣法)으로 설명이 되었는데, 아까 말한 대로 우리가 죽어서 헤매는 무명(無明) 영혼 때, 무지를 못 벗어난 업장(業障)이 묻은 영혼(靈魂) 때, 그것이 무명(無明)에 해당합니다.

우리도 역시 무명으로 있다가, 즉 말하자면 업장이 묻어 있고 업장에 속박되어 있는 영혼으로 있다가 부모의 연(緣)을 만나서 온 것입니다. 어느 누구나 왕자나 누구나 그야말로 금생에 어떤 위대한 분이나 모두가 다 무지 무명의 업으로 있다가, 업의 영(靈)으로 있다가, 부모의 연

(緣)을 만나서 태어났습니다.

즉 '과거세의 번뇌 즉 무명에 의하여 지은 선악(善惡)의 업(業)' 그러니까 내외간에 같이 지내는 것도 업 아니겠습니까?

또한 그 영혼이 업이 없으면, 내외간에 결합했다고 하더라도 거기에 붙어 오지 않을 텐데, 그것이 같은 동의(同意)의 업(業) 때문에 결국은 그 부모한테 오는 것입니다. 가령 부모와 결합할 힘이 5라 한다면 결국은 영혼의 힘이 5일 때 같이 상합되어서 온단 말입니다.

3) 식(識)

식(識)이라, 제삼(第三) 식이라, 알 식(識)자 말입니다. '과거세(過去世)의 업(業)에 의(依)하여 수(受)한 현재(現在) 수태(受胎) 일념(一念)'이라. 알 식(識), 지날 과(過), 갈 거(去), 인간 세(世), 업 업(業), 의지할 의(依), 받을 수(受), 나타날 현(現), 있을 재(在), 받을 수(受), 태 태(胎), 부모의 태, 한 일(一), 생각 념(念).

내가 지금 엄마 뱃속에 탁태(托胎)했다, 내가 엄마한테 들어왔다 하는 그때, 즉 말하자면 영혼이 부모님 연을 만나 어머니 태에 딱 들어붙는 그때가 식(識)입니다. 그때는 식뿐입니다. 그때는 몸뚱이는 없습니다. 과거세에 몸뚱이가 있다가 금생에 나오는 것이 아니라 다만 영혼이라 하는 마음으로 존재하다가, 영혼에 맞는 부모님을 만나서 어머니 태 안에 딱 들어왔습니다. 그때는 식뿐입니다. 즉 말하자면 물질이 있는 것이 아니라 마음뿐입니다.

수태일념(受胎一念)이라, 태에 들어가는 한 생각, '내가 지금 어머니 태 안에 들어왔구나' 이와 같이 한 생각이 나올 때입니다. 그러나 딱 들어

앉아 커지면 그때는 그런 생각은 사라지고 맙니다. 물질이 커져 버려서, 물질에 가려서 말입니다.

4) 명색(名色)

명색(名色)이라. 이것은 이름 명(名), 빛 색(色), 태 태(胎), 가운데 중(中), 마음 심(心), 몸 신(身), 펼 발(發), 기를 육(育), 자리 위(位), 이를 운(云), 이름 명(名), 마음 심(心), 법 법(法), 몸 체(體), 나타날 현(現), 보일 시(視), 이름 명(名), 나타낼 표(表), 나타날 현(現), 눈 안(眼), 무리 등(等), 몸 신(身).

'명색(名色)은 태중(胎中)에서 심신(心身)이 발육(發育)하는 위(位)를 운(云)함이니' 이것은 우리 생명(生命)이 태어날 때, 하나의 위상인데 엄마 태 안에서 마음과 몸이 발육(發育)하는 자리를 말하는 것이니,

'명(名)이란 곧 심법(心法)으로서', 마음 법으로서, '심법(心法)이란 체(體)로서 표시(表示)하기 어렵고 다만 명(名)으로써 표현(表現)할 수 있으므로 명(名)이라 하고', 심법이란 몸으로 표시할 수가 없기 때문에 어렵고 다만 이름으로써만 표현할 수 있기 때문에 명(名)이라 이름하고 말입니다.

'색(色)이란 곧 안(眼) 등(等)의 신(身)임', 색(色)이란 눈이나 코나 입과 같이 우리 몸을 말한 것이죠. 그러기 때문에 우리 몸이 아직은 완전히 다 발육되어 있지 못하더라도 하여튼 마음은 그 안에 식(識)인 것이고 말입니다. 식(識)에 따라서 이루어진 우리 몸뚱이, 우리는 태어나서 어느 정도 인간적인 몸뚱이가 생겨납니다. '안(眼) 등(等)이', 눈이나 코나 입이나 그런 것이 몸이라는 말입니다.

5) 육처(六處)

제오(第五)에 '육처(六處)는 바로 육근(六根)이니, 육근(六根)이 구족(具足)하여 장차(將次) 출태(出胎)코자 하는 위(位)를 운(云)함'

여섯 육(六)자, 곧 처(處)자, 여섯 육(六), 뿌리 근(根), 갖출 구(具), 다할 족(足), 장차 장(將), 버금 차(次), 날 출(出), 태 태(胎), 자리 위(位)입니다.

앞서 명색(名色)은 무엇인가 하면, 엄마의 배 안에서 몸과 마음이 구분되어서, 물론 하나로 합해 있지만 결국은 그와 같이 차별이 생겨 가지고 커나가는 때란 말입니다.

그러나 육처(六處), 이것은 보다 더 성장이 되어서 바로 육근(六根)이, 안(眼), 이(耳), 비(鼻), 설(舌), 신(身), 의(意), 즉 말하자면 눈 또는 귀, 코, 입, 우리 몸의 사대(四大) 육신이 어느 정도 갖추어져 있는 때가 육처입니다. 육근이 안이비설신의, 그와 같이 육신이 갖추어질 때란 말입니다.

육신이 갖추어질 때가 육근이니, 육근이 다 갖추어져서 장차 앞으로 얼마 안 가서 출태(出胎), 태에서 나옵니다. 즉 말하자면 어머니한테서 출산(出産)해서 곧 나올 때란 말입니다. 어머니 배에서 만삭이 되어서 나올 때가 육처(六處)입니다.

누구나 이런 과정을 거치지 않고서 나온 사람은 한 사람도 없다는 것을 우리가 다 아는 셈 아닙니까?

6) 촉(觸)

그다음은 6에 가서는 '촉(觸)이라, 이(二), 삼(三) 세(歲) 때 사물(事物)

에 대(對)하여 아직 고락(苦樂)을 식별(識別)할 수는 없고 다만 사물(事物)에 접촉(接觸)하고자 하는 위(位)임', 접촉할 촉(觸)자, 2~3세, 여기서는 이미 출산되어 사람 몸을 받았지요.

2~3세 때에는 사물에 대하여, 주위에 있는 모든 물건에 대하여 아직 고락(苦樂), 괴롭고 즐거운 것을 식별(識別)할 수가 없습니다. 어린애가 어떻게 괴롭다, 좋다, 그렇게 알 수가 있겠습니까? 그렇게 할 수는 없다 하더라도 사물에 대하여 접촉을 하고 싶단 말입니다.

어린애가 이것저것 만지고 싶고 그렇게 하는 것이 스스로 성장하고자 하는 몸부림 아닙니까? 이때는 아직 고락, 괴롭고 즐거운 것을 모릅니다. 분별(分別)도 하지 못합니다.

이와 같은 때가 십이연기(十二緣起) 가운데 여섯 번째인 촉(觸)에 해당합니다. 즉 말하자면 접촉만 하고 싶을 때, 어려서 물정(物情)을 모르면서 말입니다.

7) 수(受)

그다음에 일곱 번째는 '수(受)라, 육(六), 칠(七) 세(歲) 이후(以後)에 사물(事物)에 대(對)하여 고락(苦樂)을 식별(識別)하고 차(此)를 감수(感受)하는 위(位)임'.

받을 수(受)자입니다. 6, 7세 이후에는 더 성장해서 사물에 대하여, 자기 주변에 있는 여러 가지 물건에 대하여 고락을 식별합니다. 그때는 괴롭고 즐거움을 좀 안단 말입니다. 어린애가 처음에는 불이 있어도 불인지를 모르고 가지만, 나중에는 경험도 하니까 불은 '뜨겁다' 하고 싫어하는 것과 같습니다.

좋아하고 싫어하는 것을 조금 알 때가 6, 7세 이후입니다. 이후에 사물에 대하여 고락을 식별하고 감수(感受)하여 좋고 나쁜 것을 안단 말입니다. 따라서 좋은 것은 더 취하려 하고 그른 것은 피하려 하는 것이 6, 7세 이후의 어린애들 심리 현상 아닙니까?

8) 애(愛)

그다음에 여덟 번째 '애(愛)라, 십사(十四), 십오(十五) 세(歲) 이후(以後)에 종종(種種)의 강성(强盛)한 애욕(愛慾)을 생(生)하는 위(位)를 말함' 사랑 애(愛)자입니다. 14, 15세 이후에는 더 성장해서 가지가지 강성한, 강(强)하고 성(盛)한 애욕(愛慾)을 생하는 때입니다. 그때는 춘기(春氣)가 발동해서 그야말로 사춘기(思春期)가 되어, 누구나 14, 15세 이후에는 이성(異性)에 대해서 강성한 애욕을 느낍니다.

9) 취(取)

아홉 번째 '취(取)라, 성인(成人) 이후(以後)에 애욕(愛慾)이 우성(尤盛)함에 따라 제경(諸境)에 치구(馳驅)하여 소욕(所欲)을 취구(取求)하는 위(位)를 말함'

14, 15세도 넘어가서 성인기 이후에는 어른스러운 때가 되어 가는 셈 아닙니까? 14, 15세 이후, 성인 이후에 애욕이 더욱, 더욱 우(尤)자, 성할 성(盛)자, 성함에 따라 제경에, 모든 경계(境界)에 치구(馳驅)라, 달릴 치(馳), 몰 구(驅), 즉 말하자면, 왔다 갔다 싸다닙니다. 그렇게 분별 없이 싸다니는 것을 '치구'라고 합니다. 물정을 잘 모르고 선악 분별을 잘 모르니까 그때는 그야말로 애욕만 생겨 가지고 턱없이 모든 경계에

十二因緣法 (十二緣起・十二緣生・十二因緣)

※ 流轉因緣法

서 왔다 갔다 하며 함부로 날뛴단 말입니다.

그렇게 실패도 많이 하고 여러 가지로 유혹도 받고 하는 셈 아닙니까? 하여튼 소욕(所欲)을 하고자 하는 것을 다만 구하려고 애쓰는 때가 취입니다. 여기에서 '욕'자는 마음 심(心)이 없으면 '하고자할 욕(欲)'자이고, 마음 심(心)이 있으면 '욕심 욕(慾)'자입니다.

취(取)는, 아까 말한 바와 같이 다 어른스럽게, 즉 말하자면 성인이 되어 애욕이 더욱더 성해 가지고, 성하면 따라서 그것을 취하려고 하니까 여러 경계에 왔다 갔다 하는 것과 같이 자기 스스로 싸대고 덤벙댑니다. 제경(諸境)에, 여러 가지 경계에 싸대면서 하고자 하는 바를 취하려 한단 말입니다.

10) 유(有)

유(有)라, 그다음은 십(十)에 '유(有)라, 애(愛), 취(取)의 번뇌(煩惱)에 의(依)하여 종종(種種)의 업(業)을 지어 당래(當來)의 과(果)를 정(定)하는 위(位)니 유(有)란 곧 업(業)으로서, 업(業)이 능(能)히 당래(當來)의 과(果)를 함유(含有)하므로 유(有)라 명(名)함'

여덟 번째 애와 아홉 번째 취, 애·취의 그런 번뇌(煩惱), 갖고자 하는 욕심 부리는 것도 결국은 한 가지 번뇌 아니겠습니까?

번뇌라는 것은, 무엇을 모르는 것도 번뇌이지만 가지려고 애쓰고 욕망을 내는 것도 역시 번뇌에 해당합니다. 애·취의 그런 번뇌에 의하여, 사랑도 번뇌요 미움도 번뇌입니다.

'애취의 번뇌에 의하여 종종(種種)의 업(業)을 지어', 역시 미워하고 사랑하고 또 여러 가지 욕구가 있는 것이니까, 따라서 반드시 거기에 따

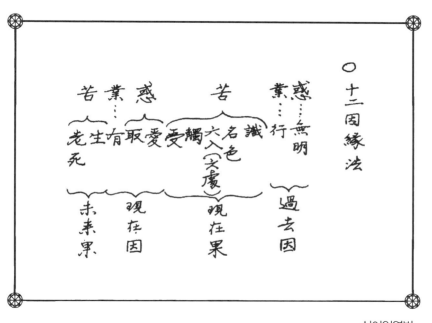

○十二因緣法

惑…無明
業…行   } 過去因

苦 { 識
     名色
     六入(六處)
     觸
     受   } 現在果

惑 { 愛
     取
業 { 有   } 現在因

苦 { 生
     老死   } 未来果

십이인연법

르는 행동이 있겠지요. 그와 같이 번뇌에 의해서 가지가지 업을 짓는 것입니다. 그러한 행위를, 나쁜 행동, 좋은 행동, 행위를 짓는다는 말입니다.

행위를 지어서 '당래의' 장차 돌아오는 미래에, 과거에 행위를 지어 놓으면 금생에 받듯이, 금생에 행위를 지으면 그때는 또 역시 미래에 받습니다. 장차 돌아오는 미래의 과(果)를, 과를 정하는 위(位)란 말입니다. 금생에 우리가 애욕 또는 욕구를 내서 그러한 애취에 의해서 우리가 행동하면, 그것이 업이 되어 장차 우리가 받습니다. 당래의, 장차 오는 미래의 결과를 우리가 받는단 말입니다.

그러한 업으로서, 업이 능히 당래, 장차 미래의 과를, 결과를 포함해 있으므로 유(有)라고 말합니다. 어째서 십(十)을 유(有)라고 말하는가 하면, 금생에 하는 행동이, 금생에 해 놓은 모든 행동이 과거의 업의 결과이지만 또한 동시에 미래의 결과를 포함해 있단 말입니다. 미래의 결과를 포함해 있기 때문에 결국은 '유'라고 하는 것입니다.

11) 생(生)

십일(十一)에 가서 '생(生)은 현재(現在)의 업(業)[유(有)]에 의(依)하여 미래(未來)의 생(生)을 수(受)하는 위(位)를 말함'

생(生)이란 낳는다는 말입니다. 현재의 업, 즉 유(有)란 말입니다. 현재의 업에 의하여 미래의 생을 받는 유를 말합니다.

금생에 업이 없으면 사람으로 태어나지 않습니다. 우리가 사람으로 태어난 자체가, 사람으로 태어날 정도로 업을 가지고 있다는 말입니다. 업이 더 가벼우면 천상으로 올라가게 되는 것이고, 업이 없으면 극락으로 가게 되는 것인데, 극락에 갈 만큼 업장이 없는 그런 정도가 못 되고 또 천상에 갈 만큼 가벼운 업도 못 되고 하기 때문에 사람으로 태어난 것입니다.

그러기 때문에 불교를 아시는 분들은 섣불리 우리 인간을 '만물(萬物)의 영장(靈長)'이라고 하는 말을 못 쓰는 것입니다. 어째서 그런가 하면, 인간보다도 훨씬 더 높은 단계의 것이 많이 있으니까요. 인간은 어정쩡한 것밖에 못 되는 것인데 인간이 어떻게 만물의 영장이 되겠습니까? 그러기 때문에 불교에서는 인간을 '만물의 영장'이라고 하는 말을 못 쓰는 것입니다.

인간이 살생(殺生)하지 않고, 투도(偸盜)하지 않고, 사음(邪淫)하지 않고, 거짓말ㆍ욕설ㆍ이간하는 말 하지 않고, 술 마시지 않는 등의 오계를 지켜야만 사람이 되는 것이지 그렇지 않으면 인도환생(人道還生)할 수 없는 것입니다.

물론 오계도 정도의 차이가 있습니다만, 이와 같이 현재에 지은 여러 가지 번뇌나 업에 의해서 내세(來世)에 생을 받습니다.

12) 노사(老死)

십이(十二)에 '노사(老死)는 내세(來世)에서 노사(老死)하는 위(位)임'

노사(老死)란 늙어서 죽는다는 말입니다. 내세에 또 우리가 태어나면 그때는 반드시 늙고 병들고 또 죽어야 하겠지요.

이와 같이 열두 가지 속성으로 해서 우리가 과거에 무명(無明)을 지어서 마침내 늙고 죽습니다.

조금 복잡하나, 아까 말한 대로 사제법문(四諦法門), 십이인연법(十二

因緣法), 육바라밀(六波羅密)은 우리가 몇 십 번 보고 외워 두면 굉장히 필요합니다. 그래야 딴 경전을 볼 때에 그때그때 '아, 그렇구나' 하고 납득이 잘 갑니다. 이런 개념을 모르면 그때그때 막혀 가지고 참 곤란합니다.

2. 삼세양중인과(三世兩重因果)

우리 중생이 과거부터 현재를 통해서 미래까지 나아가는 생사윤회(生死輪廻)를 간단히 풀이한 것이 십이인연법입니다. 이 가운데 무명은 과거세에 헤매던 우리의 번뇌입니다. 물론 지금의 번뇌도 무명이라 할 수가 있지만, 십이인연법에서 말하는 무명은 과거세에 우리가 가지고 있던 무명입니다.

이런 무명 때문에 부부간에도 행동할 수가 있는 것이고, 영혼도 역시 그런 부모한테 딱 들어섭니다. 무명이 없으면 가령 부모의 연이 있더라도 영혼이 들어서지 않습니다. 그때는 사람으로 태어날 필요가 없지요. 아까 말한 대로 천상이나 극락으로 가 버리지, 사람으로 올 필요가 없는 것입니다.

그러나 무명 때문에, 무명의 무게 때문에 그에 알맞은 부모를 만나게 됩니다. 그것이 무명이고, 무명 때문에 결국은 그와 같이 부모를 만나서, 이것이 행(行)이라, 내가 부모한테 태어나야 하겠구나 하는 것입니다.

식(識)은 어머님의 태 안에 막 들어올 때의 한 생각입니다. 수태일념(受

胎一念)이라, 태에 들어가는 한 생각이 식입니다. 그러기 때문에 무명(無明)과 행(行)은 과거에 해당하고, 식(識), 명색(名色), 육처(六處), 촉(觸), 수(受) 다섯은 현재에 해당합니다.

가령 금생에 받은 일념(一念)이 식(識)이고, 태 안에서 몸과 마음이 자라는 것, 즉 말하자면 겨우 몸과 마음이 구분되는 것이 명색(名色)입니다. 또한 몸과 마음이 더욱 자라서 안(眼), 이(耳), 비(鼻), 설(舌), 신(身), 의(意) 즉 눈, 귀, 코, 입이 다 붙어서 제대로 사람 몸을 갖춘 태아(胎兒) 때가 육처(六處)입니다. 두 살 세 살 때 멋모르고 사물에 접촉하는 것이 촉(觸)이고, 6~7세 이후에 사물에 대하여 고락(苦樂)을 느끼는 것이 수(受)입니다.

그러기 때문에 과거(過去)는 무명(無明)과 행(行) 둘에 해당하고, 현재에 식(識)을 받아서, 마음 받아서 엄마의 태(胎)를 통해서 태어날 때가 현재에 해당합니다.

즉 말하자면 식, 또는 태 안에 자라는 마음과 몸이 자라서 눈과 코가 다 생기고 육신이 제대로 갖추어지는 것이 육처(六處), 금생(今生)에 나와서 어릴 때 사물을 접촉하는 것이 촉(觸), 더 자라서 6~7세 이후에 사물에 대하여 고락(苦樂)을 느끼는 것이 수(受)인데, 이와 같이 식(識), 명색(名色), 육처(六處), 촉(觸), 수(受)는 현재에 해당합니다. 현재 우리가 가지고 있는 몸이란 말입니다.

그리고 애욕을 느끼고 또 갖고 싶어서 우리가 욕구하는 것은 현재에 다시 짓는 업에 해당합니다. 현재 애욕을 느끼고 다시 갖고 싶어 하는 취(取)와 있을 유(有)는 현재 짓는 우리의 업(業)에 해당합니다. 이런 업에 따라서 미래에도 다시 태어나는 생(生)과 늙고 죽는 노사(老死)가 있습니다.

이와 같이 십이인연법(十二因緣法)은 과거나 현재나 미래를 통틀어 우리 중생이 태어나고 늙고 죽는 여러 가지 관계를 말씀하셨습니다.

이상 십이인연 중에서 '무명(無明)과 행(行)의 이(二)는', 무명과 행, 둘은 곧 혹업(惑業)입니다. 미혹할 혹(惑)은 번뇌와 똑같은 뜻입니다.

맨 처음에 있는 무명과 행, 둘은 곧 혹업 즉 번뇌와 업입니다. 무명은 번뇌이고 행은 업입니다. 둘은 '곧 혹(惑) 업(業)의 이(二)로서', 번뇌와 업의 둘로서 '과거세(過去世)의 원인(因)에 속하고' 또한, 여기 있는 식(識)은 엄마의 태 안에 막 붙어서 들어오는 식입니다. 그다음에 엄마의 태 안에서 몸과 마음이 갈라져서 구분될 수 있는 그때가 명색(名色)입니다.

명색과 육처(六處), 눈, 귀, 코, 입과 같이 육신이 구분지어질 때, 육신이 구분될 만큼 자랄 때가 육처입니다. 촉(觸), 이것은 태어나서 2~3세 동안에 사물에 대하여 접촉하는 그때가 촉입니다. 수(受)는 더 자라서 6~7세 이후에 사물에 대해서 고락(苦樂)을 느낄 때입니다.

이와 같이 '식(識)·명색(名色)·육처(六處)·촉(觸)·수(受)의 5(五)는 과거(過去)의 혹(惑)·업(業)에', 과거의 번뇌(煩惱)와 업(業)에 '인(因)에 연(緣)하여 수(受)한, 금생(今生)에 받을, 현재(現在)의 과(果)에 속(屬)하니' 차(此)는 과현일중인과(過現一重因果)'입니다. 과거와 현재와 일중의, 즉 말하자면 한 가닥의 인과에 속한단 말입니다.

'또한 애(愛)·취(取)의 이(二)는 현재(現在)의 혹(惑)이요', 이것이 애(愛)·취(取)입니다. 14~15세 이후에 강성한 애욕을 청하는 애와 또 보다 성인이 된 후에 그때는 보다 더 애욕이 성해서, 제경(諸境)에, 여러 가지 경계에, 추구해서 꼭 내가 취해야 하겠구나 하는 즉 말하자면 그와 같은 강성한 때, 이런 애(愛)·취(取)가 현재의 번뇌입니다. 현재의 번뇌요. 즉 혹(惑)이요.

'유(有)란 현재의 업이며', 여기 있는 유(有)란 말입니다. 애(愛)·취(取)·번뇌에 의해서 종종의 업을 지어서 당래(當來)의 과(果)를 정하는 위니 유(有)란 곧 업으로서, 이런 유란 현재의 업입니다.

현재의 우리는 애욕 때문에, 여러 가지 하찮은 욕구 때문에 업을 짓습니다.

'혹(惑) 업(業)의 현재(現在) 인(因)에 연(緣)하여 미래(未來)의 생(生)과' 또 미래에서 추구하는 '노사(老死)의 과(果)를 감(感)할새', 늙고 죽는 과(果)를 느낄새, '차는 현미일중인과(現未一重因果)이다', 이것은 현재(現在)와 미래(未來)의 한 가닥 일중의 인과(因果)이다. '위의 과현일중(過現一重)과 현미일중(現未一重)을 합칭(合稱)하여 삼세양중인과(三世兩重因果)라 하는데.' 위의 과(果), 현(現) 과거(過去)와 현재의 한 가닥의 인과(因果)와 또 현재와 미래의 일중의 한 가닥의 인과를 한꺼번에 칭해서 '삼세양중인과(三世兩重因果)'라 한다는 말입니다.

과거와 현재의 인과와 현재와 미래의 인과를 이와 같이 양 인과를 합하면, 이것이 삼세양중의 인과입니다. '차(此) 양중(兩重)의 인과(因果)에 의(依)하여 윤회(輪廻)가 무궁(無窮)함을 알 수 있다' 이와 같은 삼세양중인과(三世兩重因果)에 의하여 윤회(輪廻)가 아까 말한 바와 같이 지옥(地獄), 아귀(餓鬼), 축생(畜生), 수라(修羅), 인간(人間), 천상(天上) 등 육도(六途)에 뱅뱅 도는 윤회가 무궁함을, 다함이 없음을, 알 수 있습니다.

따라서 우리가 무명을 못 끊으면, 즉 번뇌를 못 끊으면 우리 생명은 몇 천 생, 몇 만 생도 윤회하고 마는 것입니다.

시초에 내가 나올 때도 역시 무명 때문이었습니다. 무지 때문입니다. 무지는 무엇인가? 아까도 말했습니다만, 내 생명의 본바탕을 모르는 것입니다. 즉 우주의 본질을 모르는 것이지요.

'나'라는 것은 사실은 원래 없는 것인데, 단지 진리를 모르기 때문에 '나'라고 고집하는 것입니다. 진리를 모르기 때문에 '나'라고 고집하는 것이지 사실 '나'는 없는 것입니다.

그러한 '나'를 고집하는 무명, 천지우주의 본바탕을 모르는 무명, 그런 무명 때문에 행(行)이 있고 부모님 연(緣)을 만나서 우리가 사람으로 태어난 것입니다.

따라서 우리가 무명을 끊어 버리지 못하면 결국은 죽은 후에도 다시 똑같은 업(業)을 지어서 뱅뱅 돌게 됩니다. 몇 만 생 되어도 무명을 끊지 못하면 인간의 윤회는 끊을 수가 없습니다.

문제는 결국 무명을 끊고 무지를 끊는 그것, 즉 우리가 수행하는 문제입니다. 이와 같이 생사(生死)를 거듭하는 몇 만 생 동안 죽고 살고, 전쟁 등 여러 가지 참화를 겪습니다.

인간의 역사만 보더라도 그런 유구한 세월 동안에 겪은 인생의 고난은 모두가 다 이와 같이 무지 때문이고, 결국은 무지를 끊지 못해 윤회하는 데서 발생합니다.

열반(涅槃)은 무엇인가? 무명을 끊어서 영생(永生)의 자리에 들어가는 것이 열반입니다. 성불도 마찬가지입니다. 성자(聖者)란, 이와 같이 인생고(人生苦)의 원인을 확실히 알고 무명을 끊어 열반에 드는 사람을 말합니다.

十二因緣法

十二緣起法 또는 因緣規, 支佛規이라고 한다.
이것은 衆生이 三世(過去, 現在, 未來)를 通
하여 六道에 輪迴하는 次第因緣을 말한것.

1. 無明 … 過去世의 煩惱.

2. 行 … 過去世의 煩惱에 依하여 지은바
   善惡의 業(行爲).

3. 識 … 過去世의 業에 依하여 받은바 現
   在父母의 胎안에 들어간 한생각

4. 名色 … 胎안에서 겨우 몸과 마음이
   자라는 정도.

5. 六處 … 六根이 具備되어 점차 胎
   을 나오려는 하는 정도.

6. 觸 … 2. 3歲에 事物에 對한 苦樂의
   識別이 없이 아먼 事物을 접촉 하려함.

7. 受 … 6. 7歲 以後 事物에 대하여 苦
   樂을 判別하는 이를 感受하는 정도.

8. 愛 … 14. 5歲 以後 여러도로 愛欲을
   일으키는 정도.

9. 取 … 壯盛한 後 愛欲이 점점 盛하여
   欲求하는 바를 取하고자 함.

10. 有 … 愛欲과 欲求充足의 煩惱에 依
    하여 善惡의 業을 짓는것.

11. 生 … 現在의 業에 依하여 未來의 날을
    받음을 말함.

12. 老死 … 未來의 늙어죽음을 말함.

십이인연법

- 135 -

제4부

『반야심경(般若心經)』 설법[*]

반야(般若)란 무엇인가? 반야(般若) 이것은 참 지혜(智慧)입니다. 우리 인간이 축적한 지식이 아니라, 깨달아서 번뇌를 떠나 버린 성자의 참다운 마음에서 우러나온 지혜가 반야입니다. 따라서 일반 중생한테는 사실은 반야는 없고 성자한테만 반야가 있습니다. 반야바라밀(般若波羅蜜)이 있습니다.

반야(般若)는 인도 말로 하면 '프라즈냐(prajña)', 그래서 인도 말을 따서 한자로 일반 반(般)자, 같을 야(若)자, 이것은 원래 인도 음인데 한문자로 해서 '반야'라고 합니다. 앞서도 말했지만 '참 지혜', '해탈의 지혜'라고 합니다.

마하(摩訶 : mahã, 대大, 다多, 승勝, 묘妙), 이것은 '위대하다', '거룩하다'는 뜻입니다. 위대하고 거룩하단 말입니다. 따라서 **마하반야(摩訶般**

---

* 이 법문은 청화 큰스님께서 1987년 2월 17일 곡성 태안사에서 설법하신 내용입니다.

若) 이것은 거룩한 지혜입니다.

바라밀(波羅蜜)이라는 것은, 이것도 역시 불교에서 많이 씁니다만 '도피안(到彼岸)'이라, '이를 도(到)'자, 이쪽은 차안(此岸)이고 저쪽은 피안(彼岸) 아닙니까. 강이나 바다가 있으면 바다 건너 저쪽이 피안입니다. 반대로 이쪽은 차안이라 하고, 다시 풀이해서 말씀하면 우리 중생이 사는, 번뇌에 싸인 중생이 사는 세계는 차안에 해당하고, 중생이 고해(苦海)를 건너서 저쪽 언덕 이것은 피안 즉 해탈(解脫)의 경계, 극락세계(極樂世界) 이것이 피안에 해당합니다. 따라서 바라밀이라는 것은 '도피안'이라, '피안에 이른다'는 뜻입니다. 피안에 도달한다는 말입니다. 따라서 '**마하반야바라밀다심경(摩訶般若波羅蜜多心經)**', 한꺼번에 풀이를 말씀드리면 '피안에 이르는 거룩한 지혜의 가장 골수인 경'이란 말입니다.

심경(心經), 이것은 경 가운데서 제일 골수(骨髓) 제일 중심(中心)이 되는, 즉 말하자면 정수(精髓)가 되는 경을 심경이라고 합니다. 피안에 이르는, 즉 말하자면 '영생의 해탈에 이르는 거룩한 지혜의 가장 귀중한 경' 이것이 '마하반야바라밀다심경(摩訶般若波羅蜜多心經)'입니다.

부처님 경전은 무슨 경(經)이든 소중하지 않은 경이 없습니다만 『반야심경(般若心經)』은 가장 짧은 동시에 불교의 모든 철학을 거기에 함장하고 있습니다. 이 짧은 시간에 『반야심경』을 전부 다 풀이할 수는 없습니다. 여기에 써 놓은 이것만 풀이하면 나중에는 그냥 술술 자기 스스로 풀이할 수가 있습니다. 이것이 반야의 골수이기 때문입니다. 내용 풀이를 합시다.

앞서 말씀과 같이 피안에 이르는, 영생의 해탈에 이르는, 우리 중생은 지금 죽고 살고 헤매고 번뇌를 일으키고 하는 차안에 있는데, 중생의 고생스러운 고생 바다를 건너서 영생의 저 언덕, 영생의 피안에 이르는 거룩한 경이 즉 말하자면 가장 귀중한 경이란 뜻입니다.

관자재보살(觀自在菩薩), 관자재보살은 관세음보살(觀世音菩薩)이나 똑같습니다. 그러나 관세음보살을 보다 더 의미로 깊이 새길 때, 관자재보살이라 합니다. 다시 말하면, 중생이나 성자나 우주 만유를 모든 것을 자재롭게 조금도 막힘없이 원만무결(圓滿無缺)하게 관찰(觀察)할 수 있는 보살(菩薩)이라는 뜻입니다.

우리는 무엇을 볼 때 따지고 분별하지만 막히곤 합니다. 우리가 안다는 것은 상대유한적(相對有限的)인 것입니다. 그러나 그와 같이 막히지 않고서 상대유한적이지 않고서 절대적이고 말입니다.

부처님같이 모든 것을 다 할 수가 있고 다 알 수가 있고 천지우주를 다 통달하는, 일체를 다 아는 자재(自在)로운 지혜 또는 자재롭게 모두를 다 관찰(觀察)하는 보살이라는 뜻입니다.

따라서 이것은 도인(道人)이 아니면 할 수가 없지요. 그래서 원칙은 관세음보살은 우리 중생을 구제(救濟)한다는 자비로운 보살이라는 거기에만 국한되지 않고, 일체만유(一切萬有)를 다 알아서 일체 모든 것을 다 알고 생사를 초월(超越)할 수 있는 지혜를 알아 가지고서 일반 중생을 영원의 저 언덕으로 인도하는 보살이 관세음보살입니다.

앞서 말씀과 같이 관세음보살은 중생의 모든 고난 소리를 다 듣습니다. 고난 소리를 듣고서 그대로 알맞게 제도하는 보살이 관세음보살인데, 우리가 의미로 풀이할 때는 일대사를 자유롭게 조금도 막힘이 없이 통달무애(通達無礙)하는 그러한 지혜를 갖춘 보살, 위대한 도인이 관세음보살입니다.

모든 것을 다 깨달은 도인이

행심반야바라밀다시(行深般若波羅蜜多時), 깊은, 깊을 심(深)자, '아주 깊은 피안에 이르는 지혜를 행할 때' 말입니다. 반야 이것은 지혜입니다. 중생이 따지는 그런 지식이 아니라 이것은 참다운 해탈(解脫)의 지혜, 이것이 반야입니다. 반야와 지식은 구분해야 합니다.

앞서 말씀과 같이 일반 중생이 축적한 여러 가지 알고 모르는 이것은 지식에 불과한 것이고, 반야는 참다운 영생(永生)의 지혜입니다. 위대한 도인이 맨 처음에 이와 같이 영생의 피안에 이르는 영생의 지혜를 닦고 행할 때에 관자재보살이 깊고 깊은 영생에 이르는, 즉 우리 중생의 고난을 떠나서 해탈에 이르는, 다시 바꿔서 말하면 성불하는 지혜를 닦을 때에 어떻게 했는가 하면,

조견오온개공(照見五蘊皆空), 비출 조(照)자, 볼 견(見)자, 다섯 오(五)자, 쌓는다는 뜻의 쌓을 온(蘊)자, 다 개(皆)자, 빌 공(空)자, 오온(五蘊)이, 다섯 가지 쌓여 있는 것이 다 비어 있음을 비추어 본단 말입니다. 오온이 다 비어 있음을 비추어 본단 말입니다.

오온(五蘊)은 무엇인가? 오온 이것은 불교 말로 하면 색(色) · 수(受) · 상(想) · 행(行) · 식(識)입니다.

색(色), 이것은 빛 색(色)자, 물질(物質)을 의미합니다. 수(受)는 받을 수(受)자, 우리 감각(感覺)을 말합니다. 상(想), 이것은 생각할 상(想)자, 우리 상상(想像)을 이르는 말입니다. 행(行), 이것은 우리 의욕(意慾)하는 힘 의지(意志)를 말하는 것이고, 식(識), 이것은 우리 의식(意識)을 말하는 것입니다.

따라서 다시 말씀드리면 색(色)·수(受)·상(想)·행(行)·식(識)이 오온인데, 색은 물질에 해당하고, 수·상·행·식은 정신(精神)에 해당합니다. 따라서 물질과 정신을 한꺼번에 말할 때 '오온(五蘊)'이라 하는 것입니다. 따라서 우리 불교에서는 천지우주의 모든 것을 우리 중생이랑 통틀어서 유상(有相)·무상(無相), 유정(有情)·무정(無情) 다 통틀어서 한꺼번에 말할 때에 '오온' 그럽니다.

인간의 눈에 보이는 것, 안 보이는 것을 다 통틀어서 말할 때에 '오온' 그럽니다. 그런데 관세음보살 같은 위대한 도인들이 영생에 이르는 지혜를 닦을 때에 맨 먼저 정신과 물질이 다 비어 있음을 비춰 봅니다.

불교라는 것은 언제나 '내가 없다' 또는 '물질이 공이다' 하는 공(空) 지혜를 떠나서는 불교가 성립이 안 됩니다. 좋다 궂다 또는 너다 나다 하는 그런 것이 있을 때는 불교의 깊은 의미를 우리가 음미할 수가 없는 것입니다.

비록 내 앞에 네가 있고 내가 있고 또 선(善)이 있고 악(惡)이 있고 하더라도 그런 것은 중생 차원에서 보는 것이지 사실은 관세음보살이나 도인들이 볼 때는 텅 비어 있는 것입니다. 우리는 그걸 알아야 합니다.

다시 말하면 중생의 업장(業障) 정도로 보니까 지금 '밉다 곱다 귀엽다' 하는 것이지, 정답게 청정한 안목으로 본다고 생각할 때는 그런 것이 없습니다. 여기까지 못 느끼면 불교를 알 수가 없습니다.

즉, 우리가 보는 것은 결국은 다 비었다고 봐야 합니다. 생각을 해 보십시오. 우리가 이렇게 분자(分子)를 볼 수 있는 현미경(顯微鏡)을 쓰고 본다고 생각해 보십시오. 분자를 볼 수 있는 현미경을 쓰고 본다면 천지우주는 다 분자로만 보입니다. 원자(原子)를 볼 수 있는 현미경을 쓰고 본다면 천지우주는 원자로만 보입니다.

부처님 같은 불안(佛眼)이라, 부처 불(佛)자, 눈 안(眼)자, 부처님의 안목(眼目)은 천지우주를 광명(光明)으로 보는 것입니다. 천지우주의 근본 근원은 어떠한 물질이나 무엇이나 다 순수한 광명 에너지가 꽉 차 있습니다.

그런데 우리 중생은 현미경을 이용하지 않으면 전자(電子)도 못 보고 분자(分子)도 못 봅니다. 우리가 쓰는 안목은 아시는 바와 같이 불교에서 말하는 삼독심(三毒心)이라, 탐욕(貪慾)이나 또는 성내는 불룩거리는 마음이나 또는 어리석은 마음이나 이런 독심(毒心)에 가려서 바로 보지 못합니다.

바로 보지 못하기 때문에 꼭 '나와 같은 존재가 있다. 네가 있다' 이와 같이 우리는 벽을 세워 버립니다. 그런 경계에서 보는 것이니까 자꾸만 시비(是非)가 생기고 여러 가지 견해가 생긴단 말입니다.

헌데 참다운 진리를, 아까 말씀처럼 영생의 해탈에 이르는 성불하는 그런 반야지혜를 우리가 얻으려고 할 때는 맨 먼저 무엇이 중요한가? 아무리 내가 귀엽지만 결국은 나를 비롯해서 천지우주가 다 비어 있다는 것을 비춰 봐야 합니다. 그렇게 해야만

도일체고액(度一切苦厄), 인생고(人生苦)의 생로병사(生老病死)나 일체의 고액을 다 면할 수가 있다는 말입니다. 다 비어 있다고 못 보는 한에는 절대로 인생고해를 못 면합니다. 권력이나 또는 지위나 어떤 특수한 물질이나 이런 걸로 해서는 인생고해(人生苦海)를 면치 못하는 것입니다. 다만 상대적으로 순간순간 조금 마음만 있을 뿐인 것이지 근본적인 해결은 못 되는 것입니다.

인간이 참다운 영생의 해탈을 얻기 위해서는, 또는 인생고를 떠나기 위해서는 먼저 오온이, 오온은 색수상행식 즉 정신과 물질을 말합니다. 정신과 물질이 다 비어 있다는 것을 비춰 봄으로써 비로소 일체고액을 제도할 수 있고 우리가 떠날 수가 있다는 것입니다.

사리자(舍利子), 부처님 제자 가운데서 '지혜 제일 사리자' 지혜가 제일 수승한 제자 아닙니까. 인도 히말라야산에서는 사리조(舍利鳥)라는 새가 있는데 그 새는 굉장히 눈이 아름답고 영롱한 새인데 사리자 어머니가 눈이 영롱하고 미인인데 말입니다. 사리조 눈같이 어여쁜 어머니한테서 나왔다고 해서 그 아들을 사리자라고 이름을 붙였습니다.

부처님 제자 가운데서 지혜가 제일 수승한 분인데 어머니가 사리조 눈같이 아름다운 눈을 가지고 있기 때문에 아들을 사리자라고 부르는데, '사리자야!' 그러니까『반야심경』이것은 부처님께서, 어떤 경전이나 누구한테 부처님께서 말씀하셨는가 그런 연기 유서가 있습니다.

『반야심경』은 부처님께서 직접으로, 그냥 일반 사람한테 말씀하신 것이 아니라 일반 사람한테는 그냥 저급한 법문도 말할 수가 있지만 이러한 고도한 불교 철학이 들어 있는 가장 중요한 법문은 역시 무어라 해도 지혜 제일, 지혜가 제일 수승한 사리불(舍利弗)만이 알 수가 있는 것이니까 사리불한테 하신 법문입니다. 사리자야, 잘 들어라!

색불이공(色不異空), 색 이것은 물질 아닙니까. 물질이 공과 다름이 없고 말입니다. 공(空) 이것은 마음[心]이라 해도 무방합니다. 공이나 마음은 불교에서는 같이 쓰입니다. 물질이 마음과 다름이 없고, 물질이 공과 다름이 없고, 마음이라는 것은 형체가 없는 것이니까 공이나 마찬가지이지요. 물질이 공과 다름이 없고 말입니다.

우리가 생각할 때는 정신 따로 몸 따로 합니다. 우리 범부(凡夫)는 몸 따로 마음 따로 합니다. 허나 사실은 둘이 아닌 것입니다. 물질이 마음과 다름이 없고, 물질이 공과 허공(虛空)과 다름이 없고, 또한 동시에 그 반대로

공불이색(空不異色), 마음이 공이 물질과 다름이 없으며, 따라서

색즉시공(色卽是空), 물질이 곧 바로, 이 시(是)자, 빛 색(色)자, 곧 즉(卽)자, 이 시(是)자, 빌 공(空)자, 이 시(是)자 이것은 '바로'라고 합니다. 바로 공인 것입니다. 따라서 물질이 곧 바로 공이란 말입니다. 이원적(二元的)으로 구분(區分)한 것이 아니라 물질 그대로 바로 마음이란 말입니다.

우리가 생각할 때는 아까 말씀처럼 물질 따로 마음 따로 합니다. 보통은 다 물질이라는 것은 물질인 것이고 물질 이것은 무생물이고, 마음은 하나의 생명체고, 그와 같이 구분합니다. 허나 사실은 불교에서는 그렇게 보지 않는 것입니다. 어떠한 미세한 물질도 역시 그 본질은 마음입니다.

지금 물리학에서는 분석하고 분석해서 다 들어가면 저 물질 끄트머리는 소립자(素粒子) 아닙니까. 소립자 그것이 물질이 아니라 다만 에너지(energy)의 하나의 형태로 보는 것입니다. 물질이라는 것은 결국은 질량(質量)이 있는 물질은 없어지고 저 끝에 가서는 하나의 에너지 형태에 불과합니다.

에너지의 작용 때문에 결국은 소립자가 나오는 것이기 때문에 지금 물리학은 물질이 본래 공인 것을 거의 증명을 하고 있습니다. 그런데 불교에서는 보다 앞서서 어떠한 물질이나 원자나 또는 분자나 모두가 다

근본 요소는 결국은 다 마음이란 것입니다.

이런 데서 불교의 일체유심조(一切唯心造)라, 모두가 마음뿐이라는 불교 철학이 결국 성립된단 말입니다. 모두가 사실은 마음뿐인 것입니다. 마음이라는 순수 에너지 위에서 마음 작용에 따라서 물질로 보인단 말입니다. 물질이 별도로 있는 것이 아니란 말입니다.

우리는 물질이 별도로 있다는 잘못된 관념을 부수어야 하는 것입니다. 이 관념을 못 부수면 '일체유심조라, 모두가 성불한다' 그런 말은 할 수가 없는 것입니다. 천지우주는 마음뿐인 것인데 마음 위에서 마음의 힘이 적당히 이렇게 모이고 저렇게 모입니다. 또는 마음을 가진 중생들이 마음 쓰는 그런 힘 따라서 물질이 이루어지는 것입니다. 지금 이해하시기가 곤란스럽지만 사실은 그런 것입니다.

저는 가끔 예를 듭니다만, 화분이 두 개가 있어서 양쪽에다 똑같은 조건으로 화분을 가꿉니다. 가꿀 때에 이쪽 화분한테는 좀 소홀하게 생각하고 저쪽 화분에 대해서는 관심을 더 준단 말입니다. 하면은 관심을 더 둔 쪽의 화분이 훨씬 더 성장이 빠르다는 것입니다. 식물도 역시 마음이 있는 것입니다.

또한 우리 개인들을 한번 생각해 보십시오. 부모님한테 탁태(잉태)하기 전에 우리 존재가 무엇입니까? 부모님을 의지해서 나오기 전에 우리 존재가 무엇입니까? 형체가 없습니다. 식(識)이라는 마음이 결국은 부동(浮動)하다가, 영혼(靈魂)이 부동하다가 부모님 연(緣) 따라서 엄마의 태에 들어가서 사람으로 커나갑니다. 이와 같은 몸이 원래 있는 것이 아닌 것입니다. 원천은 하나의 식, 불교에서 말하는 의식입니다.

식이 사람이 죽어지면, 몸은 화장하면 재가 되고 파묻으면 흙이 되고 하겠지요. 없어지지만은 우리 마음 쓰는 식은 없어지지 않는 것입니다. 그런 식(識)이 부동하다가 그 식의 파장(波長)과 맞는 부모를 만나면 엄마의 태에 수태합니다. 그때까지는 물질이 아니지요. 탁태한 뒤에는 엄마의 배 안에서 엄마 자양분(滋養分)을 받아서 성장함으로 해서 비로소 인간 형태로 나옵니다.

태초(太初)에 인간도 역시 물질이 아니었습니다. 불교에서는 『기세경(起世經)』이라, 일어날 기(起)자, 인간 세(世)자, 태초에 인간이 나오는 것을 굉장히 상세히 풀이했습니다.

그런 것이 어려우니까 지금 사람들은 간과(看過)해서 잘 안 봅니다만, 아무튼 우리가 중요한 것은 무엇인가 하면 일체가 마음뿐이라는 것입니다. 물질은 흔적도 없는 것입니다. 다만 중생이 물질의 저 본질, 물질의 끄트머리가 마음인 줄을 못 볼 따름입니다.

항시 예를 듭니다만, 일수사견(一水四見)이라, 똑같이 마시는 하나의 물인데도 우리 인간이 볼 때는 그것이 물인 것이고, 귀신이 볼 때는 물을 물로 안 보는 것입니다. 귀신은 물을 불로 보는 것이고, 또 천상사람도 있는 것인데 천상인간은 물을 유리로 보는 것입니다. 부처님은 어떻게 볼 것인가? 부처님은 물을 청정미묘(淸淨微妙)한 감로수(甘露水)로 보는 것입니다. 광명(光明)으로 빛나는 감로수로 봅니다.

그와 같이 같은 물이지만 우리 식의 정도, 우리 식이 얼마만치 정화(淨化)가 됐는가에 따라서 달리 봅니다. 사람이 보면, 사람만큼 업장(業障)이 무거우면 물로 보는 것이고, 거기에 사는 고기는 자기 집으로 보는 것이고, 헤엄치는 고기들이야 집으로 보겠지요. 귀신은 불로 보고, 천상인간은 유리로 보고, 부처님은 청정미묘한 하나의 광명, 광명이 충만한 감로수로 봅니다. 이와 같이 같은 물이지만 시각에 따라서 달리 보는 것입니다. 우리는 그걸 알아야 합니다.

따라서 부처님께서 보는 것만이 절대로 옳습니다. 우리가 보는 것은 가상(假象)에 불과한 것입니다. 이런 법문은 부처님께서 보신 그대로 말씀했기 때문에 우리 중생은 납득하기 곤란하나 여기에서 우리는 믿음이 필요합니다.

다행히도 현대물리학은, 방금 말씀처럼 물질의 근원에 가서 텅 비었다는 것을 증명한단 말입니다. 다만 그 비어 있는 알맹이가 무엇인가? 그것만 지금 현대물리학은 모릅니다. 부처님은 다 알고 있었지만, 물질이 곧 바로 마음이요 또한 마음의 작용 따라서 그때는 물질이 되기 때문에, 또한 동시에

공즉시색(空卽是色), 마음이 곧 바로 물질이란 말입니다. 이렇게 둘이 아닌 것입니다. 마음밖에 어떤 물질이 안 된다고 하면 그때는 안 되겠지만은(마음[공]이 마음[공]으로만 존재하고 어떤 물질[색]이 안 된다고 하면 그때는 공즉시색(空卽是色)이 성립이 안 되겠지만 – 정리자 주), 우리 중생이 보면 마음이 물질화가 될망정 결국은 둘이 아닙니다(우리 중생이 보면 마음[공]이 물질[색]로 보일망정 결국은 둘이 아니다. 비공비색(非空非色) 진공묘유(眞空妙有)의 중도실상(中道實相)을 드러내고자 하심 – 정리자 주).

수상행식(受想行識) 역부여시(亦復如是), 우리 감수(感受)하는 감각(感覺)이나 상상(想像)하는 우리 감정(感情)이나 또는 우리가 의욕(意慾)하는 행(行)이나 또 우리가 분별(分別)하는 식(識)이나 이런 것도 역시 또한 이와 같도다, 그와 똑같이 역시 물질이 마음이요 마음이 물질이란

말입니다.

사리자(舍利子), 사리자야 잘 들어라.

시제법공상(是諸法空相), 이와 같은, 그러니까 같은 '이 시(是)'자이지만 아까는 '바로'라고 풀이했던 것을 '이것이'라고 지정명사로 풀이할 수가 있는 것입니다. 시제법공상, 이와 같은 모든 법이, 제법(諸法) 이것은 일체 우주의 만법을 얘기합니다. 제한된 것이 아니라 일체 우주 만법을 '제법(諸法)' 그럽니다. '이와 같은 모든 만법(萬法)이 다 비어 있는 상(相)에서 본다고 할 때는' 그 말입니다.

제법공상(諸法空相), 이것이 굉장히 중요합니다. 『반야심경』을 천만 번 외워도, 앞서 조견오온개공(照見五蘊皆空)이나 이런 중요한 대목을 놓치면 별로 의의가 없습니다. 인생고를 떠나기 위해서는 반드시 오온이, 정신과 물질이 다 비어 있음을 비춰 봐야 합니다.

이와 같은 중요한 대목과 또한 동시에 모든 법이 즉 앞에서 말한 모든 법이 다 비어 있다는 그런 실존(實存) 실상(實相)에서 본다면, 우리 중생은 실상은 못 보고 실존을 못 보고 가상(假相)만 봅니다.

이와 같은 모든 법이 다 비어 있는 실상에서 본다면,

불생불멸(不生不滅), 생도 없고 멸도 없단 말입니다. 어째서 그런가 하면 그때는 영생하니까, 가상을 본다고 할 때, 우리는 상대적인 것만 본다고 할 때는, 생(生)이 있고 사(死)가 있고 분별이 있지만, 물질이라는 것은 결국은 우리가 봐서 물질인데, 물질도 결국은 마음이니까, 모든 법이 상대유한적인 그런 것들이 다 비어 버려서 참다운 실상에서 본다고 생각할 때는 그야말로 참 생(生)도 없고 멸(滅)도 없습니다.

이것은 영생(永生)과 똑같습니다. 영생하는 가운데서 무슨 생(生)이 있고 멸(滅)이 있겠습니까. 사람 몸뚱이 몇 천 번 나고 죽는다고 하더라도 역시 생명은 죽지 않고 낳지 않습니다. 인연 따라서 몸뚱이만 낳고 죽고 하는 것이지 생명 자체는 생도 없고 멸도 없습니다. 불생불멸(不生不滅)이라, 이와 같이 남도 없고, 원래 생겨남이 없으니 멸도 없습니다. 우리 중생은 근원을 못 보고서 그냥 겉만 본단 말입니다. 겉만 보기 때문에 부모님한테 의지해서 나오면 나온다 하고, 모양이 없어지면 그때는 죽었다고 합니다. 사실은, 생명은 죽음이 없습니다.

그러기 때문에 공부를 많이 해서 공부가 툭 트여서 본질을 보면 격세즉망(隔世卽忘)이라, 그때는 한번 생을 바꿔도 바뀜이 없습니다. 따라서 수원수생(隨願受生)이라, 자기 원하는 데 가서 자기 멋대로 태어납니다. 천상에 올라가려면 올라가는 것이고 인간으로 오려면 인간 세상에 옵니다.

그렇게 하려면 육근청정(六根淸淨)이라, 우리 눈을 비롯해서 우리 몸을 구성하는 요소가 청정해야지요. 청정하려면 오랜 동안 삼매(三昧)에 잠겨야 합니다. 오랫동안 삼매에 잠기지 않으면 우리한테 있는 찌꺼기가 안 녹습니다.

찌꺼기가 녹아 버려야 앞서 말씀한 탐심 진심도 안 일어나고 나(我)라는 생각도 없고 동시에 물질을 떠나서 우리 몸뚱이나 물질을 구성한 근본 요소를 우리가 알 수가 있습니다. 이와 같이 모든 법이 텅 비어 있는 모든 법이 공했다는 실상(實相)에서 본다고 생각할 때는 생도 없고 멸도 없고, 또한 동시에

불구부정(不垢不淨)이란 말입니다. 아니 불(不)자, 때 구(垢)자, 아니 불(不)자, 맑을 정(淨)자, 더러움도 없고 맑음도 없단 말입니다. 상대를

떠나 버려서 오직 영원히 청정한 것만 있다는 것입니다. 불구부정이란 말입니다. 또는

부증불감(不增不減), 아니 불(不)자, 더할 증(增)자, 아니 불(不)자, 감할 감(減)자, 말입니다. 더함도 없고 또 감하는 것도 없단 말입니다.

우리가 흔히 모든 중생이 다 불성(佛性)이 있다고 합니다만, 잘못 생각하면 석가모니한테는 불성이 많이 있고, 우리한테는 불성이 적게 있다고, 그렇게 생각하기가 쉽습니다만 사실은 석가모니한테나 우리한테나 누구한테나 불성은 똑같이 있습니다.

다만 발견하는 정도가 얼마만치 더 많이 발견했는가? 석가모니 부처님께서는 천지우주에 충만한 불성을 다 발견한 분이고, 우리 중생은 아직 다 발견을 못 했단 말입니다. 그것뿐인 것이지 불성 자체에서는 석가모니한테나 독사한테나 강도한테나 있는 불성은 똑같은 것입니다.

따라서 불성은 사람 하나 죽는다고 해서 불성이 줄어드는 것도 아닌 것이고, 또한 석가모니가 열반(涅槃)에 든다고 해서 불성이 안 줄어듭니다. 천지우주가 다 파괴된다고 해도 불성은 안 줄어듭니다.

원자폭탄 핵무기가 우주를 진멸시킨다 하더라도 불성은 조금도 더함도 덜함도 없습니다. 눈에 보이는 거품 같은 물질만 변동하는 것이지 순수 에너지인 생명 자체, 불성은 조금도 변함이 없습니다. 더함도 없고 감함도 없습니다.

시고(是故) 공중무색(空中無色), 이런 고로 모든 법이 다 비어 있는 것을 비추어 보는 그런 안목에서는 무색(無色)이라, 물질이 없다는 말입니다.

『반야심경』이 지금 들어 보시니까 상당히 의미심장(意味深長)한 법문

아닙니까. 이렇게 좋으니까 매일 매일 외곤 하는 것입니다. 특히 신중 불공(神衆佛供) 모실 때 중단에서 많이 하는 것인데, 『반야심경』 외면 저급한 신들은 못 알아먹으나 고급 신들은 알아먹고서 굉장히 환희심 (歡喜心)을 내고서 신들이 상(相)을 터는 것입니다. 이것저것 모두가 다 공(空)이라 했으니까 상을 안 털 수가 있습니까.

따라서 신들이 상을 털어 버리면 그와 동시에 상을 턴, 그 상이 없는 자 비심(慈悲心) 때문에, 자비심으로 해서 우리 중생(衆生)을 굽어보고서 중생을 가호(加護)합니다. 또는 어떤 우리 환경이 약간 기분이 사나울 때, 암울할 때는 반드시 우리 분위기가 오염되어 있습니다. 우리 분위 기를 구성한 순수한 에너지가 그만치 조건이 안 맞아서 오염되어 있어 서 이런 때에 『반야심경』을 외우면 효험(効驗)이 있습니다.

가장 중요한 것은, 우선 생명을 구성한 자기 가슴이 청정하게 되는 것 이고 또한 동시에 우리 주변을 정화하는 것입니다. 불교 법문은 모두가 다 우선 나를 정화하고 남을 정화하는 것입니다. 선과 악의 구분은 어 디가 있는 것인가? 악은 우선 자기를 훼손(毀損)하고 남을 훼손한단 말 입니다. 선은 그 반대로 자기를 우선 정화시키고 남을 정화시킵니다. 『반야심경』이 길고 시간이 제한되어 놔서 제가 서두만 썼는데 여러분들 이 가셔서 잘 읽고, 『반야심경』 번역본이나 주석본이 굉장히 많이 나와 있습니다.

불교는 법문 심도를 3단계로 구분합니다. 맨 처음에는 있을 유(有)자, 가르칠 교(敎)자, 유교(有敎)라, 유교입니다.

그러므로 『반야심경』 같은 이런 법문은 상당히 마음이 세련되어서 마음 이 정화가 되어야 아는 것이지 무식한 사람들은 잘 못 알아먹습니다.

그러니까 무식 대중한테는 이런 법문을 않고서 그냥 유교라, 있을 유(有)자, 유교는 무엇인가 하면, 선도 있고 악도 있고 너도 있고 나도 따로 있고 이와 같이 자타(自他) 시비(是非)를 구분한 법문입니다.

부처님께서 초기 법문은 모두가 다 있다 하는 일반 중생 차원에서 하신 법문입니다. 지금도 역시 이런 법문이 어려운데 하물며 부처님께서 가신 지가 2500년 이상, 그 당시 사회는 지금보다 무식했겠지요. 그런 때는 이런 고도한 법문을 알아먹을 수가 없습니다.

그렇기 때문에 초기에는 그냥 있다 없다 하는 우리 중생 차원에서, 네가 있고 내가 있고 선도 있고 악도 있고 그와 같이 그런 차원에서 인과(因果) 정도는 믿고서 악을 행하면 그때는 죄를 받는 것이고 선을 행하면 복을 받는 것이고, 그와 같이 선악 인과를 따져서 하는 그런 법문 이것이 유교입니다.

다시 말씀드리면 일반 세간에서 하는 유위교(有爲敎), 일반 도덕이라는 것은 유교(有敎)에 해당합니다. 기독교나 유교(儒敎)는 보통은 유교(有敎) 범주에 들어갑니다.

내가 있고 네가 있고 또 물질도 있고 보석도 있고 그와 같이 그런 것이 유교이고, 허나 유교 이것은 실상(實相)을 바로 못 본단 말입니다. 가상(假相)만을 볼 수 있는 중생 차원에서 마친 교이기 때문에 이것은 참다운 것은 못 됩니다.

그러나 부처님께서 참다운 가르침을 설하기 위해서는 지금까지 말씀한 유교는 이것은 참이 아니다, 일체 정신과 물질은 비어 있다, 그와 같은 법문이 『반야심경』 같은 공교(空敎)라, 빌 공(空)자, 가르칠 교(敎)자, 공교입니다.

허나 텅 비어 있다는 공교밖에 모르면 그때는 불교를 바로 또 안다고 할 수가 없는 것입니다. 텅 비어 있는 것이 아니라, 우리 중생이 보는 것은 비어 있다 하더라도 텅 비어 있는 내용은 허무가 아니란 말입니다. 만약 불교가 텅 비어 있다는 그것밖에 몰라 버리면 허무주의(虛無主義)에 빠지고 마는 것입니다.

불교를 믿는 분들이 더 깊이 못 들어가고 『반야심경』 정도에서 딱 그쳐 버리면 자칫하면 허무주의에 빠져 버립니다. 헌데 텅 비어 있는 그것이 아주 비어 있는 허무가 아닙니다. 텅 비어 있는 그 가운데 일체 공덕(功德)을 다 갖추고 있습니다.

자비(慈悲)나 지혜(智慧)나 행복(幸福)이나 또는 기능(技能)이나 모두 다 갖추고 있습니다. 그런 공덕이 하도 많으니까 일일이 다 우리가 열거할 수 없다 하더라도 간추리면 4가지 범주로 말합니다.

상락아정(常樂我淨)이라, 항상 상(常)자, 일체 부처님의 지혜, 공지혜(空智慧), 공(空)에 들어 있는 생명이 그때는 영생한단 말입니다. 영생하는 그런 의미를 상(常)이라 합니다. 즉 말하자면 상주부동(常住不動)이라, 영생하는 그런 생명이 있다는 것이 상(常)인 것이고, 또는 락(樂)이라, 안락할 락(樂)자, 그 불성 가운데는 부처님 지혜 가운데는 일체 모든 행복(幸福)이 다 들어 있습니다.

우리는 지금 가치관(價値觀)의 전도(顚倒) 때문에 상대유한적인 물질 가운데 행복이 있다고 어거지를 씁니다만 사실 그 가운데는 없습니다. 순간순간 우리 정신의 혼미(昏迷)뿐입니다.

역시 참다운 행복은 불성 가운데 있는 영원성밖에는 없습니다. 그야말로 불변하는 불멸의 행복이 있단 말입니다. 불변의 행복 그것이 안락락(樂)자, 낙(樂)입니다. 또는 나 아(我)자, 아(我)라, 아(我) 이것은 그냥 우리 같은 작은 상대적인 아(我)가 아닙니다. 일체 것을 다 할 수 있는 것이 아(我)입니다. 다시 말하면 모든 불가사의(不可思議)한 재주나 지혜나 기능을 부리는 아(我)입니다. 불교 말로 하면 신통(神通)도 하고 기적도 부리고 말입니다. 그와 같이 신통 기적을 다 부릴 수 있는 그런 모든 재주를 다 부리는 것이 아(我)입니다.

또는 맑을 정(淨)자, 정(淨)이라, 이것은 조금도 번뇌가 없는, 흐림이나 또는 어떤 마음의 어둠도 없고서 조금도 번뇌의 흔적이 없는, 본래 청정한 그런 마음이란 말입니다.

이와 같이 상락아정(常樂我淨)이라, 영생하는 상(常)과 또는 행복이 다 갖추고 있는 락(樂)과 모든 것을 다 할 수 있고 알 수 있는 아(我)와 또는 조금도 번뇌가 없는 청정무구(淸淨無垢)한 그런 청정한 정(淨)과 이와 같은 이것이 불성 가운데 텅 빈 마음 가운데 꽉 차 있는 것입니다.

천지우주는 다만 텅 비어 있는 것이 아니라, 이와 같이 모든 것이 꽉 차 있단 말입니다. 앞서 말씀과 같이 영생하고 또는 행복을 다 갖추고 있고 또 일체 것을 할 수가 있고 알 수가 있고 말입니다. 청정하고 이렇게 갖추고 있는 이것이 순수한 우리 마음자리인 것입니다. 따라서 우리가 마음을 닦으면 원래 갖추고 있는 것이기 때문에 차근차근 그때는 이러한 것에 접근해 가는 것입니다.

석가모니나 자고(自古)로 위대한 도인들은 이러한 사덕(四德)을, 상락아정(常樂我淨)을 다들 증득(證得)한 분들이고, 중생은 아직 증득하지 못한 것이기 때문에 항시 불안스러운 것입니다.

따라서 우리가 어떤 권력, 지위, 이성, 이것저것 갖추어진다 하더라도,

우리 마음속에 원래 갖추고 있는 역량이 방금 말씀한 상락아정이기 때문에, 영생과 영생의 행복과 또는 일체 신통과 청정한 것이 원래 우리 마음의 본성이기 때문에 여기까지 못 가면 우리는 항시 불안스러운 것입니다. 세상을 다 주어도 불안스러운 것입니다. 지구가 다 자기 것이 되어도 불안스러운 것입니다.

우리 인간은 원래는 부처인 것입니다. 원래 모두를 갖춘 원만한 부처님이란 말입니다. 원만한 부처가 못 되는 한에는 항시 불안한 것입니다. 따라서 불안할 때의 행복은 행복이 아니지요.

따라서 성자만이, 저번에도 말씀을 드렸습니다만 '요한복음서'에도 예수님이 '진리만이 그대를 자유롭게 하나니' 이런 구절이 있습니다. 사실 진리만이 우리를 행복하게 하는 것입니다. 영생의 행복 또는 영생의 지혜 이런 것을 갖춘 것은 결국 우리 본성(本性) 불성뿐이다 말입니다. 따라서 모든 것은 불성에 가고자 하는 하나의 교언(敎言)에 불과합니다.

우리는 우리가 보는 것이 항시 상대유한적(相對有限的)인 허망한 것이다, 가상(假象)임을 분명히 인식해야 하는 것입니다. 먼저 우리가 보는 견해가 가상임을 바로 인식을 못 하면 그때는 반성(反省)도 못하는 것이고 참회(懺悔)도 못하는 것입니다.

우리가 느끼고 보는 것이 허망 무상한, 불교 말로 해서 몽환포영(夢幻泡影)이라, 꿈이요 허깨비요 그림자요 이걸 느껴야 하는 것입니다.

중생은 그림자를 좇고 허망한 것을 좇아서 생명을 낭비합니다만 우리 눈으로 보는 것도 허망함을 느껴 가지고서, 허망한 것이 아닌 것은 영생하는 상(常), 또는 안락(安樂) 또는 신통자재 하는 아(我), 또는 청정무비한 정(淨), 상락아정 이것이 실존이고 영생의 지혜고 행복인 것입니다.

우리 본성이 바로 불성이고 지금 못났다 하더라도 우리 본성은 석가모니와 똑같은 불성입니다. 그 가운데는 앞서 말한 상락아정을 다 갖추고 있단 말입니다. 상락아정의 영생의 행복 지혜를 얻기 위해서 부지런히 공부하시기 바랍니다.

색수상행식(色受想行識), 정신과 물질 아닙니까. 빛 색(色)자, 색(色) 이것은 물질에 해당하고, 수상행식(受想行識) 이것은 정신에 해당합니다. 즉 우리의 감각(感覺), 상상(想像), 의욕(意慾), 또는 분별시비(分別是非)하는 식(識) 말입니다.

따라서 우리 불교에서는 '오온법(五蘊法)' 그러면 우주 만유의 법을 총망라해서 '오온법' 그럽니다. '오온'이라, 정신과 물질을 한꺼번에 포함한 말입니다.

따라서 중생들은 모두가 다 오온법으로 해서 구성되어 있습니다. 헌데 우리 눈앞에 분명히 있게 보이는, 내가 있고 네가 있고 분명히 있게 보이는, 그 오온법이 다 비었다고 본단 말입니다.

어제도 말씀한 바와 같이 부처님의 법문 차원이라는 것이 3차원으로 구분하는 것인데, 그 맨 처음에는 낮은 차원은 중생 정도에 맞추어서 모든 것이 선도 있고 악도 있고 너도 있고 나도 있고 말입니다. 이런 저급한 차원에 맞추어서 하는 법문 이것이 유교라, 있을 유(有)자, 유교란 말입니다. 그러나 사실은 바로 보면 그것은 있지가 않단 말입니다. 그림자 같고 또는 허깨비 같고 말입니다. 수중월(水中月)이라, 물속에 비친 달 같고 그런 것이지 우리가 보듯이 꼭 내가 있고 네가 있고 하는 것이 아닙니다. 우리는 분명히 그걸 느껴야 합니다.

몽환포영(夢幻泡影)이라, 꿈 몽(夢)자, 허깨비 환(幻)자, 거품 포(泡)자,

그림자 영(影)자, 몽환포영 같이 우리 현실을 못 보면 그때는 불교를 모르는 것입니다.

우리 불교는 인생고를 제도하는, 인생고를 떠나는 가르침인데, 인생고를 떠나려고 하면 방금 말씀과 같이 일체 만유가 우리가 보는 실존적인 것이 사실은 실존이 아니라 이것이 몽환포영이란 말입니다. 꿈이요 허깨비요 그림자요 또는 물속에 비친 달이요 그와 같이 봐야 하는 것입니다. 사실이 그런 것이니까 말입니다.

그러나 부처님 당시 지금 같은 과학도 무엇도 없고 문맹만 충만해 있는, 지금부터 2500년 전 이상 되는 인도사회에서 부처님께서 '모두가 비었다' 하시면 그런 말을 알 수가 있습니까? 지금 사람들도 잘 모르는데 말입니다.

다 알 수 없으니까 초기에는 부처님께서 '있다 없다' '선도 있다 악도 있다' '네가 있다 내가 있다' 그와 같이 중생 차원에서 말씀하셨습니다. 허나 중생들의 근기가 좀 익어져서 좀 수련을 거친 다음에는 비었단 말입니다. 『반야심경』은 그와 같이 비었다 하는 그런 정도에 맞추어서 말씀하신 법문입니다.

그러나 다만 비어 있으면 그것이 허무(虛無)가 되어서 니힐리즘(nihilism) 같은 것이 되어 버리지요. 다만 비어 있는 것이 아니라 빈 실상(實相)이 그때는 중도(中道)란 말입니다. 부처님 법문은 맨 처음에 있을 유(有)자, 유교(有敎), 그다음에는 빌 공(空)자 공교(空敎), 그다음에는 부처님께서 꼭 하시고 싶은 말씀, 실상 그대로 하신 말씀이 중도(中道)입니다.

따라서 『반야심경』은 비었다 하는 가르침과 중도를 아울러서 합한 가르침입니다. 그러기에 어제 말한 바와 같이, 공이 즉 색이요 색이 즉 공입니다. 색 이것은 물질을 말한 것이요 공 이것은 마음을 말합니다. 즉 물질이 곧 마음이요 마음이 곧 물질이란 말입니다.

그러나 우리 중생은 마음이 안 보입니다. 중생과 성자의 차이가 무엇인가 하면, 일반 중생은 마음은 못 보고 그냥 형체만 봅니다. 도인들은 형체를 봄과 동시에 형체의 근원인, 형체를 이룩한 순수한 그런 힘, 순수한 에너지를 봅니다. 그것이 마음인데, 따라서 성인들은 근원적인 순수한 마음을 보고서 마음에 비춰서 물질을 다루기 때문에 오류가 없습니다. 그러나 중생은 겉만 보고서 피상적으로, 즉 말하자면 수박 겉핥기식으로 알맹이는 모르고서 겉만 봅니다. 겉만 보니까 사물을 바로 못 보는 것입니다.

인간(人間)이 무엇인가? 인간이 이렇게 코가 있고 눈이 있고, 형체만 인간은 본단 말입니다. 사실은 알맹이는 우리 마음 아닙니까. 마음이 '나'단 말입니다.

내 마음이 나인 것을 우리 중생은 '몸뚱이 이것이 나다. 이것이 내 몸이다' 해서 집착을 합니다. 중생과 성인의 차이는 거기에 있습니다. 성자는 근원을 보고서 마음을 본체로 해 가지고서 마음에 입각(立脚)해 버리는 것인데, 우리 중생은 마음이 안 보이는 것이니까 겉만 보고 따져서 사람들끼리 서로 분열이 생기고 불화가 생기고 싸움이 생기는 것입니다.

그러기에 『반야심경』에서 그 인생고(人生苦), 생(生)이요, 사(死)요, 또 헤어지는 고통, 또는 보기 싫은 사람과 만나는 고통, 이런 고통들을 이기려고 하면 어떻게 해야 할 것인가?

조견오온개공(照見五蘊皆空)이라, 즉 오온 물질과 정신이 우리 중생이 보는 대로 있는 것이 아니라, 이것이 그림자같이 허망하다. 이와 같이 비었다고 비추어 봄으로써 도일체고액(度一切苦厄)이라, 일체 고액을 없앤단 말입니다. 어제는 이 대목까지 했습니다. 오늘 한 시간 동안에 이걸 다 하기가 어려운 것이니까.

무수상행식(無受想行識), 즉 공에서 본다 하면, 모든 것이 텅 비었다고 하는 관점에서 보면, 수(受)라, 이것은 우리가 감수(感受)하는 우리 감각(感覺)을 말합니다. 상(想) 이것은 헤아리는 상상(想像)인 것이고, 행(行) 이것은 천류(遷流)라고도 말하고 의욕적인 의식을 또 말합니다. 의지를 말하는 것이고, 식(識) 이것은 분별(分別)하는 우리 식을 말하고 우리 마음 작용을 '수상행식' 그렇게 말합니다.

성자가 바로 보는 그런 공 가운데는 아까 말씀처럼 성인들은 공을 보고 우리 범부들은 공을 못 봅니다. 공 그것이 사실은 실체의 근원입니다. 그런 공 가운데는 공중무색(空中無色)이라, 그런 색(色) 즉 물질이 없단 말입니다. 우리 같은 우리가 보는 물질은 없는 것입니다.

우리 학승들한테는 그런 말을 안 했지만 저 위에 있는 분들에게는 그런 말씀을 가끔 했습니다. 현미경(顯微鏡)을 쓰고 본다고 하면 그야말로 참 이렇게 안 보인단 말입니다. 이런 것을 전자현미경을 쓰고 본다면 이렇게 보일 수가 없습니다. 마치 누런 안경을 쓰고 보면 밖이 다 누렇게 보이고, 푸른 안경을 쓰고 보면 푸르게 보이듯이 우리 중생은 중생의 업(業)으로 중생의 업을 쓰고 보니까 너요 나요 좋다 궂다 하는 것이지, 중생의 업을 떠나 버리면 그렇게 안 보는 것입니다.

일체만유(一切萬有)의 실상(實相) 일체만유의 본 모습, 본 모습을 그대로 볼 수 있는 도인이 본다고 하면 텅 비어 있단 말입니다. 그러기에 공중무색(空中無色)이라, 도인이 보는 공 가운데는 색 즉 물질도 없고 또 무수상행식(無受想行識)이라, 우리가 감수하는 아프다 좋다 하는 그런 촉감도 없고 말입니다. 또는 상상하는 것도 그것도 중생의 망상에서 오는 것이고, 우리가 하고 싶다 하는 그런 의욕적인 것도 없는 것이고 말입니다. 우리가 분별 시비하는 것도 없는 것이고 이와 같이 그런 마음작용도 없고,

무안이비설신의(無眼耳鼻舌身意), 따라서 눈으로 보는 시각(視覺), 귀로 듣는 청각(聽覺), 코로 냄새 맡고 있는 우리 후각(嗅覺), 혀로 우리가 맛을 보는 미각(味覺) 말입니다. 몸으로 느끼는 촉각(觸覺) 말입니다. 또 우리 의식(意識)으로 분별하는 우리 식활동(識活動) 이런 것도 결국은 없단 말입니다. 우리 중생은 허깨비 보고서 있다고 그럽니다. 허깨비 보고서, 또한 동시에

무색성향미촉법(無色聲香味觸法)이란 말입니다. 또한 우리가 눈으로 보는 색, 주위환경 여러 가지 물질도 없고, 또한 들리는 소리도 없고, 후각(嗅覺)으로 느끼는 향기도 없고, 미각(味覺)으로 오는 맛도 없고, 또는 촉각(觸角), 몸으로 느끼는 촉감(觸感)도 없고, 또 우리 의식(意識)으로 분별(分別)하는 일체 좋다 궂다 하는 어떠한 법(法)도 없단 말입니다. 법 이것은 우리 법률이란 법이 아니라, 우리 의식으로 판단하는 모든 의식작용(意識作用), 모든 시비 분별 이것이 여기 있는 법에 해당하는 것입니다. 이와 같이 바로 본다면, 우리는 바로 못 보는 것이지만, 바로 본다면 사실은 이런 것이 없는 것입니다. 또한 그와 같이 없기 때문에

무안계내지(無眼界乃至), 우리 눈으로 보는 색(色)이라는 것은 본래 없단 말입니다. 우리 중생 업(業)으로 해서 만들어서 그와 같이 보인 것이지 원래 없는 것입니다. 시각이라는 것이,

'내지(乃至)'는 '…에서 …까지'라는 말입니다. 이 말은 앞뒤 사이 중간을 생략하고 이어갈 때에 쓰입니다. 무안계내지(無眼界乃至), 눈으로 보는 세계도 없고, 무이식계(無耳識界), 무비식계(無鼻識界), 무설식계(無舌識界), 무신식계(無身識界),

무의식계(無意識界), 우리 의식으로 판단하는 그런 경계도 없단 말입니다. 또

무무명(無無明), 무명도 없단 말입니다. 무명(無明)이라는 것은, 진리를 모르는 것이 무명 아닙니까. 무지(無知)나 무명(無明)이나 같은 뜻입니다. 바로 보면 없으니까 내내야 무지나 같지요.

공(空)에서 본다면 그때는 무지도 없습니다. 무지라는 것은 내내야 우리가 이것저것을 판단을 잘 못하는 것이고 또는 실상을 몰라서 무지라 하는 것인데 실상을 다 봐 버린 도인(道人)들의 안목에서 무지가 텅 비어서 청정무구(淸淨無垢)한 그런 불성(佛性)밖에 없는 그 자리를 봐 버린 사람들이 어디가 무슨 무명이 있겠습니까.

그와 같이 본 근원을 못 본 데에 가서 무지 즉 무명이 있는 것이지, 텅 비어서 일체 것을 다 떠나 버린 훤히 비춰보는 마음자리에서는 무지나 무명이 있을 수가 없는 것입니다. 무지도 없단 말입니다.

우리 중생이 중생 경계에서 무지야 지혜(智慧)야 하는 것이지 지혜고 무지고 다 털어 버리고 그야말로 참 근본을 딱 보아 버린 그런 경지에서 무슨 무지가 있겠습니까. 무명도 없고,

역무무명진(亦無無明盡), 무명이 없기 때문에 무명을 없애는 것도 없단 말입니다. 무명을 다 없애는 것도 없단 말입니다. 즉 말하자면, 무명이 있다고 하는 데에서 상대법에서 무명이 있다고 하니까 무명을 떼어 내려고 애쓰는 것이지 아, 무명이 원래 없는데 어떻게 무명을 없앨 필요가 있겠습니까. 무명을 다해 버리는, 무명을 없애 버리는 것도 없다는 말입니다(십이인연법을 별도로 설법하셨기에 여기서는 생략함 - 정리자 주).

내지무노사(乃至無老死), 또한 동시에 우리가 늙고 병들고 죽는 것도 없단 말입니다. 생사(生死)를 초월(超越)해 버리는 즉 말하자면 생(生)이 있고 사(死)가 있고 그와 같이 상대유한적(相對有限的)인 모양의 세계에 가서 죽음과 생이 있는 것이지, 모양을 떠나 버리면 순수한 에너지의 세계, 순수한 생명의 세계에는 늙고 병들고 죽는 것이 없다는 것입니다. 즉 불생불멸(不生不滅)한, 나지도 않고 죽지도 않는 그런 세계에서 무슨 늙고 병들고 하는 것이 있겠습니까. 이런 늙고 죽는 것이 없단 말입니다. 따라서

역무노사진(亦無老死盡), 따라서 늙음과 죽음을 다 없애 버리는 것도 없단 말입니다. 생사(生死)라는 것이 인생고(人生苦)에서 제일 무서운 고생 아닙니까. 권력이 좋다 무엇이 좋다 하지만 우리가 구해서 얻지 못하는 것도 고통입니다.

가장 큰 고통은 무엇인가 하면, 역시 우리 목숨이 죽는다 하는 죽음의 공포같이 무서운 것이 없습니다. 그런데 벌써 죽음을 떠나 버린, 생사를 떠나 버린 데 가서 무슨 죽음의 공포가 있겠습니까. 역시 그때는 늙어서 죽는다는 것을 다 없앤다는 것도 없는 것입니다.

또한 동시에 부처님 법문 가운데서

무고집멸도(無苦集滅道), 고집멸도(苦集滅道) 이것은 사제법문(四諦法門)인데 부처님 일대 가르침을 가장 체계 있게 말씀하신 가르침 이것이 고집멸도입니다. 사제법문 아닙니까.

아시는 분들은 다 외워 가지고 있는 법문 아닙니까. 사제법문 말입니다. 고집멸도라, 고(苦) 이것은 인생고입니다. 즉 생로병사(生老病死), 인생고 가운데서 가장 무거운 것은 생로병사 아닙니까. 나고 늙고 병들고 죽고 말입니다. 태어났다 늙고 병들고 죽는 고통, 사랑하는 사람과 헤어지는 고통, 미운 사람과 만나는 고통, 구해서 얻지 못하는 고통, 이런 등등의 것이 인생고인데, 우리가 바로 보면 사실은 고통뿐인 것입니다. 안 늙는 사람 누가 있고 또 평생 한 번도 안 아픈 사람 누가 있습니까. 따지고 보면 결국은 고통뿐입니다.

고통뿐인데 사람들은 '고통이 아니라 안락이다. 안락이다' 이와 같이 생각하니까 그때는 조금만 고통스러우면 그냥 고생스럽다고 생각하고 짜증을 내곤 한단 말입니다. 따지고 보면 삶 이것은 사실은 고통뿐인 것입니다.

인생은 고다, 인생은 고다, 이것이 고집멸도의 이제 맨 처음입니다. 허나 인생이 고면 고의 원인은 무엇인가? 우리가 어디가 아프면 아픈 근원이 있겠지요. 고(苦)의 원인(原因) 이것이 집(集)입니다.

집(集)의 내용은 무엇인가? 이것은 탐(貪)·진(嗔)·치(痴) 삼독심(三毒心)과 우리의 행위(行爲;業)란 말입니다. 우리가 탐심(貪心)부리고 성내고 사물을 바로 못 보고 그런 어리석음 때문에 행하는 행동 그것이 여기 집(集)에 해당하는 것입니다.

인간(人間)이 어리석음이 없고, 탐욕심도 없고, 분노가 없다고 그러면 고도 없습니다. 인간으로 우리가 어찌 태어났는가? 우리가 정말로 번뇌가 없다면 사람이 태어날 수가 없는 것입니다. 극락(極樂)에 올라가서 그야말로 영생(永生)해 버립니다. 또는 그렇게는 못 된다 하더라도 천상 가서 안락스럽단 말입니다.

허나 사람 정도의 탐욕심과 사람 정도의 분노심과 사람 정도의 무명이 있단 말입니다. 사람 정도의 그 어리석음, 탐욕심 또는 분노 이런 것이 아직 있기 때문에 이런 업에 끌려서 그때는 사람으로 태어나게 되는 것입니다.

부모한테 우리 영혼(靈魂)이, 업식(業識)이, 즉 말하자면, 업에 가린 그런 우리 영혼이 부동(浮動)하다가 거기에 알맞은 부모를 만나 가지고 딱 거기에 엄마 태 안에 들어가서 잉태합니다.

이와 같은 업이 없으면 극락으로 가서 영생하는 것이고, 또는 천상으로 가서 안락할 것인데, 업이 무거워서 탐심도 많고 또 성내는 마음, 바로 못 보는 어리석은 마음, 이런 업이 무겁기 때문에 인간 정도로 무겁기 때문에 결국은 인간 정도에 맞는, 그 정도에 맞는 부모 만나 가지고 그때는 딱 거기에 붙어 가지고 인간으로 태어납니다. 우리 불교는 여실(如實)하게 그것이 설명되어 있습니다. 지금 그 현대생리학보다 훨씬 더 세밀하게 설명되어 있습니다.

즉 이와 같이 인생고라고 하지만 고(苦)는 그냥 우연한 고가 아니라 아까 말씀처럼 인간의 탐심, 진심, 그리고 어리석은 마음 즉 치심 아닙니까. 이것과 여기에 의해서 이루어지는 행동 이것이 즉 말하자면 집(集), 고를 모으는 원인입니다.

불교는 이와 같이 인과(因果)가 분명합니다. 고(苦)라는 과(果)가 있으면 반드시 그 원인(原因)이 있단 말입니다. 원인을 집(集)이라 하는 것입니다. 그러나 인생이 고와 집만 있다고 하면 인생이라는 것은 결국은 바로 죽음만 못합니다. 안 태어난 것만 못하고 말입니다.

허나 불교에서는 이와 같이 인생이 고가 있고, 고를 모으는 여러 가지 삼독심 같은 번뇌나 우리 행위 업이 있지만 또한 동시에 영생하는, 고를 떠나서 영생하는 행복이 있습니다. 영원히 안락한 행복, 이것이 멸(滅)입니다. 즉 말하자면 번뇌를 다 멸해 버린 형태입니다.

탐욕이나 진심, 아까 말한 분노하는 마음이나 또는 어리석은 마음이나 이런 것을 다 없애 버리고서 안락한 그런 경계가 이것이 멸입니다. 멸이 없다고 하면 불교는 의의(意義)가 없지요. 따라서 멸 이것은 불교의 이상향(理想鄕)입니다.

불교의 이상향 이것은 멸입니다. 허나 다만 멸이 있다. 거기에 그쳐 버리면 불교는 그때는 불교가 못 된단 말입니다. 멸(滅)에 이르는 영생의 극락 영생의 행복에 이르는 방법 수단, 이것이 도(道)란 말입니다. 멸에 이르는 길 이것이 도입니다.

도(道) 이것은 여러분들이 대체로 들어서 모두 아시는 바와 같이 삼학도(三學道)란 말입니다. 우리가 계율(戒律)을 지키고, 마음을 모아서 통일시키고 말입니다. 또는 지혜(智慧)를 닦는 것이고 말입니다. 이와 같이 계(戒)·정(定)·혜(慧)라, 계율 닦고 또는 마음을 통일시키고 또는 지혜를 닦고 말입니다. 삼학도! 더 부연시키면 팔정도(八正道), 이것이 멸에 이르는 행복한 영생에 이르는 길입니다. 삼학도 또는 팔정도 말입니다.

지금 이와 같이 우리 인생고와 인생고의 원인과 또는 인생고를 떠나 버린 영생 안락의 세계와 거기에 이르는 방법을 말씀하신 것, 이것이 고집멸도(苦集滅道) 사제법문(四諦法門)이라. 넉 사(四)자, 진실한 체(諦)자, 그래서 '사제'라고도 하고 '사체'라고도 합니다.

따라서 불교는 대승(大乘), 소승(小乘), 밀교(密敎), 현교(顯敎) 여러 가지 갈래가 많이 있으나, 따지고 보면 결국은 사제법문의 뜻을 이렇게 저렇게 풀이한 것에 불과합니다. 여러분들이 사제법문을 잘 외워 두면 무슨 법문을 보나 '아, 이것은 어디에 해당하구나' 이렇게 알 수가 있습니다.

인생고(苦)와 또 인생고의 원인인 집(集)과 영생의 행복인 멸(滅)과 또는 영생의 행복인 해탈의 길, 인생고를 멸해 버리는 길 이것이 도(道)입니다.

여러분들이 느껴야 할 것은, 멸을 분명히 보고, 인생은 고라는 것을 인식하고서 그러나 인생의 참다운 목적은 멸이다, 영생의 행복이다, 이것을 분명히 우리가 느끼고서 멸에 이르기 위한 그런 흠모추구(欽慕追求)하는 멸을 그리워하는 그런 마음 밑에서 도를 행해야 합니다.

계율 지키고, 도덕적인 행을 안 취하면 멸에 이르지 못하는 것입니다. 술 많이 먹고 싸우기 좋아하고 음탕하고 말입니다. 아무렇게나 그런 문란한 행동을 취하면 멸에 이르지 못합니다. 역시 철저한 도덕적 행동 밑에서 우리가 생활을 해야만 마음이 맑아 온단 말입니다. 함부로 행동하면 그때는 정신이 통일이 안 되는 것입니다.

정신을 딱 모아서 통일을 시켜야만 그때는 그야말로 참 우리 마음의 본뿌리가 부처인지라 말입니다. 우리 마음의 본 뿌리가 멸(滅)을 증(證)하는, 멸과 상응된 영생 극락이 그 자리인지라, 우리 마음을 딱 모아 가지고서 자꾸만 마음 뿌리로 가야 합니다. 마음 저변으로 가야 합니다.

우리 중생들은 마음의 겉만 가지고 삽니다. 마음 뿌리는 부처고, 마음의 겉에는 우리 같이 이와 같이 아까 말한 삼독심(三毒心) 부리는 마음인 것인데 말입니다. 따라서 삼독심 부리는 탐심부리고 진심부리는 그 마음을 자꾸만 억제하고 누르고, 억제하고 누르는 것이 행습(行習)이 되면 그것이 도덕적인 행위다 말입니다. 즉 계율을 지키는 것입니다.

오로지 부처님을 흠모하는 한마음, 화두(話頭)나 염불(念佛)이나 주문(呪文)을 외는, 자꾸만 우리 마음의 저변으로 가야 합니다. 그 저변은 부처란 말입니다. 불성(佛性)을 인격화(人格化) 시키면 부처님인 것이고 말입니다. 성품으로 보면 불성인 것이고 말입니다. 이와 같이 분별(分別) 시비(是非)해서 체계를 세운 것은 일반 지식인 것이고, 참다운 영원 해탈의 길, 해탈의 슬기는 반야인데, 지혜와 지식을 구분해서 일반 중생이 알아서 분별해서 아는 것은 지식에 해당하는 것이고, 참다운 해탈의 슬기 이것은 지혜인데 불교 말로 하면 반야입니다. 『반야심경』은 내내야 해탈의 지혜란 말입니다.

헌데 이와 같이 아까 말씀한 바와 같이 지금 쭉 여러분들이 제법공(諸法空)이라는 것을 전제를 두어야 합니다. 제법공 밑에서는 이와 같은 것이 모두 없는 것입니다. 잃어버리면 그때는 안 됩니다. 제법공(諸法空) 안에서는 그야말로 참 이런 것이 모두 없고 또한 동시에 **무지(無智)**, 지식(知識)도 없는 것입니다. 중생이 따지고 분별하는 일반적인 지식도 없단 말입니다.

또 역시

역무득(亦無得), 얻음도 없단 말입니다. 얻음 이것은 참다운 지혜, 반야의 영생의 지혜의 얻음이 없다는 것이 아닙니다. 보통 불교 말로 하면 유위법(有爲法)이라, 또는 유루법(有漏法)이라 우리 중생이 보는 권력이 좋아지고 돈이 많아지고 말입니다. 또 몸이 건강해지고 한다는 그런 상대유한적인 얻음이 없다는 것입니다.

우리는 절대적인 것을 구하는 사람들이 그런 것이 무슨 필요가 있습니까. 비록 생활에는 필요가 있다 하더라도 마음 닦는 그 자리에서는 필요가 없는 것입니다.

따라서 제법공(諸法空)한 자리에는, 모든 법이 다 비어 있다는 그런 실상의 지혜로 본다고 할 때는, 아까 말마따나 고집멸도(苦集滅道)란 그것도 사실은 번뇌가 있다고 했을 때에 고가 있고 무엇이 있는 것이지 번뇌가 다 없어져 가지고 텅 비어 가지고 아, 청정무비(淸淨無比)한 청정한 세계에 무슨 고가 있고 또는 고의 원인이 있고 또 무슨 도(道)가 있고 그렇게 할 수가 없지요. 따라서 일반적인 우리가 안다는 것도 필요가 없는 것이고, 또한 동시에 상대유한적인 어떤 얻음도 필요가 없는 것입니다.

이무소득고(以無所得故), 이와 같이 소득의 얻은 바가 없기 때문에, 이것은 예 고(故)자, 연고 고(故)자, 까닭 고(故)자, 이와 같이 상대유한의 얻음이 없단 말입니다. 오직 순수한 지혜만 더 빛나고 할 뿐이지, 상대유한적인 얻음이 없기 때문에,

보리살타(菩提薩埵), 보살 보(菩)자, 이끌 제(提)자, 보살 살(薩)자, 강할 타(埵)자, 이것은 보살이라는 뜻입니다. 인도 말로 하면 '보디삿트바'(bodhi-sattva)인데, 한문자 음역으로 해서 '보리살타'라 하는 것입니

- 168 -

다. 인도 말을 제대로 옮기지는 못했지만, 보살은 이와 같이, 이런 것이
모두가 다, 아까도 말한 바와 같이 제법공(諸法空)의 지혜를 여러분들
이 염두에 딱 두어야 합니다. 모든 법이 상대유한적인 법이 텅 비었다
고 하는 그 자리를 본다고 하면 안계(眼界), 눈으로 보는 것도 없는 것
이고, 고집멸도도 없고, 일반적인 지식도 없고, 이와 같은 것들이 다 없
기 때문에 따라서 다 몰아서 우리가 얻은 것은 상대유한적인 유루법(有
漏法)의, 이것은 우리 중생이 느끼는 세계의 모든 법이 유루법입니다.
또는 유위법(有爲法)이고 말입니다. 이런 것이 없기 때문에 이런 소득
(所得)이 이런 얻은 바가 없기 때문에 보리살타, 보살은

의반야바라밀다고(依般若波羅蜜多故), '반야바라밀다에 의지한 고로'
그렇게 됩니다. 어제 배운 바와 같이 반야바라밀다는 도피안(到彼岸)의
지혜, 피안(彼岸)이라는 것은 해탈의 저 언덕이란 말입니다. 차안(此岸)
은 우리가 사는 이런 생사(生死)하는, 죽고 살고 또는 죄도 짓고 하는
세계가 이 차(此)자, 언덕 안(岸)자, 이쪽이고, 피안(彼岸)은 저 피(彼)
자, 저쪽 언덕이라, 인생고해(人生苦海)를 떠나서 저쪽 즉 말하자면 영
생(永生)의 안락(安樂)스러운 경계(境界)가 피안입니다.

헌데 이 풀이는 피안에 이르는 다시 말하면 영생해탈(永生解脫)에 이르
는 다시 바꿔서 말하면 성불(成佛)하는 지혜(智慧), 성불하는 지혜 이것
이 반야바라밀입니다.

반야(般若)는 참다운 지혜 아닙니까. 바라밀다(波羅蜜多)는 도피안(到
彼岸), 피안에 이른다는 뜻입니다. 따라서 '성불을 성취하는 지혜' 이것
이 반야바라밀의 뜻입니다.

이와 같이 이런 것들이 모두 허무하기 때문에 보살이 어떻게 했는가

하면, 보살은 이런 상대유한적인 지식은 다 떠나 버려서 그런 것은 관심도 없이 다만 이와 같이 성불하는 '피안에 이르는 지혜에 의지하는 고로'

심무괘애(心無罣碍), 거리낄 괘(罣)자, 거리낄 애(碍)자, 이런 한자는 어렵지만 불교를 공부할 때 자주 나오니까 외워 두면 좋습니다. 거리낄 괘(罣)자, 마음에 거리낌이 없단 말입니다. '무괘애'라는 것은 거리낌이 없는 것입니다. 즉 말하자면, 좋다 궂다 또는 마음이 껄끄럽고 막힌단 말입니다. 이와 같은 괘애(罣碍)가 없고,

무괘애고(無罣碍故), 이런 마음에 거리낌이 없기 때문에

무유공포(無有恐怖), 공포가 없단 말입니다.

마음이 툭 틔어서 천지우주와 나하고 하나가 되었는데 어디 가서 무서움이 있겠습니까? '저 사람이 나를 해친다. 상대가 있고 또 귀신도 있어 가지고서 나를 해코지한다' 이와 같이 둘로 보고 셋으로 보고 이렇게 보는 데서 우리 마음이 두려운 것이지 생사(生死)를 떠나 버린 사람, 내 몸뚱이는 원래 허망한 하나의 거품으로 보거니 이걸 누가 칼로 찌른들 무슨 상관이 있습니까.

이와 같이 제법공(諸法空)에서 천지우주의 유위법은 다 비었다는 것에서 본다고 생각할 때는, 그때는 공포가 없습니다. 마음이 거리낌이 없고, 마음이 거리낌이 있어야 공포가 있는 것인데 말입니다.

너다 나다 좋다 궂다 또는 산다 안 산다 아프다 안 아프다 그런 마음 때문에, 그런 괘애 때문에 공포가 있는 것이지, 괘애가 없기 때문에 마음에 공포가 없다는 것입니다. 공포가 없는지라,

원리전도몽상(遠離顚倒夢想), 멀 원(遠)자, 떠날 리(離)자, 자빠질 전

(顚)자, 넘어질 도(倒), 꿈 몽(夢), 생각 상(想)입니다. 전도몽상, 거꾸로 된 꿈같은 생각을 멀리 떼어 버린단 말입니다. 멀리 여읜다는 말입니다. 우리 중생은 지금 거꾸로 보고 있는 것입니다. 지금 바로 못 보고 있는 것입니다. 거꾸로 보면서 거꾸로 보는지를 모른단 말입니다.

현명한 사람들은 '내가 지금 거꾸로 보는구나' 이것 정도는 느껴야 하는 것인데 우리 중생은 그것도 못 느끼는 것입니다. 우리는 거꾸로 보는 것입니다. 이와 같이 이런 마음의 공포가 없어지면 그때는 마음이 툭 트여서, 마음이 열려서 우리가 평소에 거꾸로 보는 꿈같은 생각을 그야말로 참 멀리 여읜다는 말입니다.

우리가 꿈을 꿀 때는 꿈속에서 보는 것이 다 사실 같습니다. 싸우고 미워하고 먹고 하는 것이 참말로 생각되지만 꿈 깨고 나면 무엇이 있습니까. 아무것도 없지요. 그와 똑같은 것입니다. 우리 중생이 보는 것은 지금 꿈을 꾸고 있는 것입니다.

꿈인 줄을 알아야 합니다. 그래야 불교를 바로 아는 것입니다. 우리가 보고 있는 것은 결국은 꿈을 꾸고 있는 것입니다. 거꾸로 본단 말입니다. 이와 같이 거꾸로 보는 생각을 멀리 여의고서, 원리전도몽상(遠離顚倒夢想)이라, 거꾸로 보는 꿈같은 생각을 멀리 여의고서

구경열반(究竟涅槃), 구경(究竟) 이것은 궁구할 구(究)자, 마칠 경(竟)자, 열반을 우리가 성취한다는 말입니다. 열반에 이른단 말입니다.

열반은 무엇인가? 열반은 이것은 이상향(理想鄕), 극락(極樂), 진리(眞理), 도(道), 부처경계, 불교의 이상적인 경계, 이것이 열반입니다. 열(涅)자, 이것은 해감(앙금흙) 날(涅), 극락갈 녈(涅), 보통은 '날'자로 쓰나 불교에서는 극락갈 열(涅)로 씁니다. 반(槃)자, 이것은 즐길 반(槃)

자, 또는 소반 반(槃)자, 열반, 이것은 극락세계란 말입니다. 진리(眞理)나 도(道)나 법성(法性)이나 부처나 이와 같이 통용하는 말인 것입니다. 하여튼 불교 이상향(理想鄕) 말입니다. 열반에 이른단 말입니다.

우리 중생은 전도몽상(顚倒夢想) 때문에 꿈같은 거꾸로 보는 생각 때문에 결국은 열반에 못 가는 것입니다. 허나 우리가 모두를 텅 비었다고 보면서 우리 업장이 녹아지면 여러 가지 꿈같은 전도몽상, 거꾸로 보는 뒤바뀐 생각을 떠나서 열반을 성취합니다. 즉 말하자면 극락을 성취하는 것입니다. 부처를 우리가 이룬단 말입니다. 열반을 성취하나니

삼세제불(三世諸佛), 석가모니(釋迦牟尼) 부처님뿐만 아니라 과거(過去) 부처님이나 또는 현재(現在)나 미래(未來)나 모든 부처님이 삼세제불 아닙니까. 삼세 모든 부처님도 역시, 다만 아까 말한 보살뿐만 아니라, 이와 같이 피안에 이르는 영생에 이르는 지혜인 반야바라밀다에 의지했다는 것입니다. 삼세 부처님도 또한 똑같이,

의반야바라밀다(依般若波羅蜜多), 역시 피안에 이르는 영생에 이르는 반야에 의지한단 말입니다. 우리가 반야(般若)에 의지해야 합니다. 반야가 무엇인가? 반야는 지금까지 말한 바와 같이 해탈의 지혜, 모든 것을 바로 보는 지혜란 말입니다. 바로 보는 지혜 이것이 반야입니다. 또한 바꿔서 말하면, 모두 텅 비어서 우리가 보는 이러한 현상들이 다 비었다고 보는 지혜란 말입니다. 바로 보면 다 비었다고 보는 것이니까.

마치 전자현미경을 쓰고 보면 전부 전자로만 보이듯이 부처님의 안목, 부처님의 눈으로 본다면 우주가 텅 비어서 부처님의 광명만 가득 찬 것입니다. 그렇게 보는 것이 참답게 옳은 것입니다. 전자현미경을 쓰고 보면 전자나 원자로만 보이듯이 번뇌가 떠나 버린 부처님의 청정한 안

목으로 본다면 천지우주가 부처님의 청정 미묘한 광명으로만 가득 차 있습니다. 그렇게 보는 것이 참답게 바로 보는 것입니다. 삼세(三世) 모든 부처님도 역시 아까 보살과 마찬가지로 반야바라밀 즉 말하자면 영생에 이르는 피안에 이르는 반야에 즉 지혜에 의지한 고로,

고득아뇩다라삼먁삼보리(故得阿耨多羅三藐三菩提), 아름다울 아(阿)자, 클 아(阿)자, 김맬 누(耨), '누'자인데 지금 모두 '아뇩다라'라 합니다만 사실 이 발음은 옳지 않은 것입니다. 원래는 '누'자입니다. 인도 음도 역시 '누(nu)' 그래서 누인데, 아름다울 누(耨), 많을 다(多), 비단 라(羅), 석 삼(三), 이것도 아름다울 막(藐), 석 삼(三), 또 보살 보(菩), 이끌 제(提), 이것이 이끌 제인데 인도의 '보디(bodhi)', 인도 말로 해서 '보디'라고 하는데 부르기 사나우니까 '보리'라고 발음합니다만, 역시 한문으로 본음은 '제(提)'자입니다.

아뇩다라삼먁삼보리, 이것은 무슨 뜻인고 하면 무상정편지(無上正遍智)·무상정진도(無上正眞道)라, 없을 무(無)자, 윗 상(上)자, 위없는 (최상의, 비할 바 없는) 정편(正遍)이라, 바를 정(正), 두루 편(遍), 지혜 지(智), 위가 없이 바르고 보편적인 그러한 지혜, 따라서 부처님의 참다운 지혜란 뜻이지요. 부처님의 참다운 지혜, 다시 위없는, 다시 비교할 수 없는 또는 모든 지혜가 다 포함된 지혜가 바로 아뇩다라삼먁삼보리입니다.

간단히 말하면 무상도(無上道), 무상지혜(無上智慧), 구체적으로 말하면 무상정등정각(無上正等正覺) 또는 무상정편지(無上正徧智) 말입니다. 무상(無上), 위가 없고, 바를 정(正)자, 두루 편(徧)자, 바르고 두루 해 있단 말입니다. 그런 지혜가 아뇩다라삼먁삼보리입니다.

따라서 아뇩다라삼먁삼보리를 완전히 증득(證得)하면 부처 아닙니까. 성인(聖人)이고 말입니다. 아뇩다라삼먁삼보리를 이와 같이 얻는다, 삼세제불도 반야바라밀다 즉 피안에 이르는 영생에 이르는 지혜에 의지하는 고(故)로, 그 지혜가 무엇인가? 아까 말한 제법(諸法)이 공(空)한 오온(五蘊)이 다 공(空)한 지혜란 말입니다.

하여튼 이것을 머리에 딱 두어야 합니다. 그래야 혼미가 안 옵니다. 제법이 공한 지혜, 제법이 공한 실상, 그것으로 본다면 아까 말과 같이 보살도 그런 지혜에 의지한 것이고 삼세제불도 역시 그와 같은 제법이 공한 지혜를 의지하기 때문에 이와 같이 무상도(無上道)를 성취합니다.

고지(故知), 고로 알아라, 고로 알지라, 이와 같이 보살이나 부처나 제법이 공한 지혜에 의지해서 무상(無上) 도리(道理)를 성취했으니까 그대들은 알아라, 어제도 말한 바, 이것은 부처님께서 지혜제일(智慧第一) 지혜가 수승한 사리불(舍利弗)한테 말한 법문입니다.

같은 제자도 아무리 신통은 많이 하지만 지혜가 수승하지 못하면 이런 법문은 알아먹을 수가 없단 말입니다. 따라서 부처님께서 지혜가 제일 수승한 사리불 존자한테 이런 법문을 했습니다. 고로 알아라.

반야바라밀다(般若波羅蜜多), 이와 같이 피안에 이르는, 해탈에 이르는, 성불하는 지혜는 이것은

시대신주(是大神呪), 이것이 바로 큰 신통스러운 하나의 주문(呪文)이란 말입니다. 주문이라는 것은, '옴마니반메훔'도 주문 아닙니까. 하여튼 우리 인간의 말로 해서 표현할 수 없는 신비(神秘) 부사의(不思議)한 뜻을 갖춘 짤막한 글, 이것이 주문입니다. 보통 말로 해서 뜻을 표현한 것이 아니라는 말입니다. 하나의 리듬이나 음으로 해서 심수오묘(深邃

奧妙)한 무량의 뜻을 갖추고 있는 것입니다.

그것이 주문인데, 『반야심경』 즉 말하자면 이와 같이 제법이 공한 자리를 볼 수 있는 이런 큰 지혜가 바로 모든 신통을 다 할 수 있는 말입니다. 이것이 하나의 주문이고,

시대명주(是大明呪), 이것이 모든 지혜를 밝힌 하나의 주문이며, 명주(明呪)며,

시무상주(是無上呪), 이것이 또한 위가 없는 주문이란 말입니다. 그야말로 참 다라니가 많이 있고 여러 가지 별별 복잡한 주문이 많이 있지만 그런 주문 가운데서 '제법(諸法)이 공(空)했다' 하는, '오온(五蘊)이 공(空)했다' 하는 좋은 주문은 없단 말입니다. 이것은 위없는 주문이며,

시무등등주(是無等等呪), 이것이 무등등(無等等)이라, 없을 무(無), 같을 등(等), 그럽니다. 같음이 없는 주문이란 말입니다. 동등한 것이 없단 말입니다. 이것이 최상이기 때문에 이와 버금할 수 있는, 이와 맞먹는 주문이 없다는 것입니다. 무등등은 동등한 주문이 없단 말입니다.

능제일체고(能除一切苦), 능할 능(能), 제할 제(除), 한 일(一), 끊을 체(切), 괴로울 고(苦), 일체의 고통을 다 제거한단 말입니다.

'내 몸이 귀중하다', '네가 귀중하다', '내 자식이다', '누구다', '재산이 좋다', 이런 모든 것 때문에 고통이 있는 것인데, 이 몸뚱이 이것이 다 비었다고 생각할 때는 고통이 있을 수가 없습니다. 사실은 그런 것이 없는 것이고 우리 중생은 거꾸로 보는 것입니다. 전도몽상하는 것입니다. 이와 같이 능히 일체의 인생고를 다 제거하는지라, 따라서

진실불허(眞實不虛), 진실로 참되고 헛되지 않는단 말입니다. 오온(五蘊)이 개공(皆空)한 지혜(智慧)가 참되고 헛되지 않는다는 것입니다. 참

다운 지혜입니다. 진실불허라.

고설반야바라밀다주(故說般若波羅蜜多呪), 고로 반야바라밀다 즉 말하면 피안에 이르는 성불하는 지혜의 주문을, 주문을 압축해서 이렇게 지금 말한다고 하면 그 뜻입니다. 즉 말하자면 지금까지 배워온 『반야심경』의 진리를 말입니다. 하나로 딱 뭉쳐서 주문으로 표현한단 말입니다. 『반야심경』의 많은 진리를 이와 같이 다 모아서 하나의 주문으로 압축해서 표현한다고 하면,

즉설주왈(卽說呪曰), 곧 지금 말하는데, 곧 주문으로 말하면,

아제아제(揭帝揭帝) 바라아제(波羅揭帝) 바라승아제(波羅僧揭帝) 보디사바하(菩提娑婆訶), 이것은 들 게(揭)자인데 들 '걸'이라고도 합니다. 이것도 역시 인도 말을 그대로 음역하기 위해서 이런 한문자로 한 것이고, 같은 음도 한문 투로 하는 것과 우리가 하는 것과는 차이가 있습니다. 그러기 때문에 이와 같이 딱 안 맞아 버렸지만 하여튼 지금 우리가 여기서 들먹이면 아제아제(揭帝揭帝) 바라아제(波羅揭帝) 바라승아제(波羅僧揭帝) 보디사바하(菩提娑婆訶)라, 들 게(揭), 임금 제(帝), 할미 파(婆), 이것은 '파'인데 '바'라고 발음합니다. 반야바라밀도 역시 '파'자인데 음편(音便)되어서 '바'라고 발음합니다.

그다음 비단 라(羅), 중 승(僧), 보리 보(菩), 끌 제(提), 세상 사(娑), 할미 파(婆), 꾸짖을 가(訶), '사바세계'라고 할 때는 우리가 사는 번뇌에 때 묻은 세계를 사바세계라고 합니다.

아제아제 바라아제 바라승아제 보디사바하!

『반야심경』 전부의 뜻을 하나의 주문으로 압축하면 결국은 이렇게 표현한단 말입니다. 그래서 이것은 불교에서 오종불번(五種不飜), 그래서

짤막한 말에 의미가 함축성이 많아 가지고 다섯 가지 종류는 번역하지 말라는 법칙이 있습니다.

인도에만 있고 중국에는 없는 것이라든가 또 이와 같이 아주 심수오묘해서 간단한 말로 표현할 수 없는 그런 주문은 번역하지 말라는 법칙이 있습니다. 따라서 이것은 번역을 아니 하지만 사람들이 하도 호기심이 많이 있어서 번역을 억지로 시도를 많이 했단 말입니다. 어떻든 여러 가지 한 경우가 있으나, '아제아제'는 '돌아가세 돌아가세', 돌아간다는 것은 진리의 바다 진리의 고향이 되겠지요. '바라아제'는 어디로 가는가 하면 '영생의 고향으로 가세', '바라승아제' 이것은 '모두 다 함께 영생의 고향으로 가세', '보디' 이것은 '진리' 아닙니까. '사바하'는 어떤 주문에나 보통 붙어 있습니다. '도를 성취한다'

다시 정리하면, '돌아가세 돌아가세. 영생의 고향으로 가세. 모두 함께 가세' 그렇게 해서 무상대도(無上大道)를, 무상대도가 사바하이고 보리인데, '무상대도인 보리를 성취하세' 이렇게 풀이가 될 수가 있습니다.

물론 저는 이것저것 많이 보고서 그 가운데서 제가 느껴서 제일 좋은 대문(大文)으로 한 것이니까 꼭 이것이 옳은 것은 아닙니다만, 참고로 하시기 바랍니다. '돌아가세 돌아가세. 영생의 고향으로 가세. 다 함께 가세. 위없는 진리를 성취하세!' 이렇게 되겠습니다.

반야의 지혜, 앞서 말한 오온개공(五蘊皆空)의 지혜 말입니다. 우리 중생이 보는 것은 거꾸로 보는 것입니다. 참다운 지혜 이것은 오온(五蘊)이 비어 있는, 오온은 정신과 물질 아닙니까. 정신과 물질은 다 비어 있는 것입니다. 참말로 있는 것은 무엇인가?

비어 있지만 다만 비어 있는 것이 아니라, 부처님의 청정미묘(淸淨微

妙)한 자비나 지혜나 행복이나 그런 것이 가득 찬, 온전히 가득 찬 그 자리가 즉 말하자면 불성(佛性)이란 말입니다. 텅 비어 있지만 사실은 불성이 가득 차 있는 것입니다.

우주에는 불성뿐만 있는 것입니다. 중생은 그걸 못 봅니다. 따라서 우리는 이런 것을 많이 외운다 하더라도 그냥 외우기만 해서는 별로 공덕이 없습니다. 우리 관념상(觀念上) 천지우주는 텅 비어 있는데 다만 불성만이 충만해 있구나! 이와 같이 느끼면서 관세음보살(觀世音菩薩)님이나 아미타불(阿彌陀佛)이나 외셔야 합니다.

참말로 있는 실상(實相)은 방금 말마따나 텅 비어서, 우리가 보는 것은 비어 있는 것인데 다만 허무하게 비어 있는 것이 아니라, 비어 있는 실상 그것은 청정미묘(淸淨微妙)한 부처님의 광명이라는 말입니다.

그런 우주에 충만한, 내 몸 가운데나 어디에나 우주에 충만한 부처님의 미묘한 광명, 그 가운데는 지혜도 행복도 다 들어 있습니다. 그 무한의 광명을 이렇게 이미지로 생각하면서 부처님의 명호(名號)나 또는 화두도 하고 염불도 하고 주문도 외운단 말입니다.

이렇게 해야만 그때는 참말로 우리가 그런 광명, 부처님의 불성과 하나가 됩니다. 부처님의 불성 광명과 하나가 됩니다. 이것이 가장 속 빠른 공부 방법인 것이고, 그렇게 한다면 그때는 자기 스스로도 머리도 맑아지고, 몸도 가벼워지고, 더 예뻐지고 하는 것입니다.

그렇게 공부하시기 바랍니다.

나무아미타불! 나무아미타불! 나무본사아미타불!

摩訶般若波羅蜜多心經

觀自在菩薩行深般若波羅蜜多時照見五蘊皆空度一切苦厄舍利子色不異空空不異色色即是空空即是色受想行識亦復如是舍利子是諸法空相不生不滅不垢不淨不增不減是故空中無色無受想行識無眼耳鼻舌身意無色聲香味觸法無眼界乃至無意識界無無明亦無無明盡乃至無老死亦無老死盡無苦集滅道無智亦無得以無所得故菩提薩埵依般若波羅蜜多故心無罣礙無罣礙故無有恐怖遠離顚倒夢想究竟涅槃三世諸佛依般若波羅蜜多故得阿耨多羅三藐三菩提故知般若波羅蜜多是大神呪是大明呪是無上呪是無等等呪能除一切苦眞實不虛故說般若波羅蜜多呪即說呪曰揭諦揭諦波羅揭諦波羅僧揭諦菩提薩婆訶

甲子孟冬淨誦比丘清華合掌

반야심경

제5부

일승삼보(一乘三寶)[*]

삼보(三寶)를 우리 불자님들은 모르시는 분 없이 다 아십니다. 불보(佛寶), 법보(法寶), 승보(僧寶) 그 정도는 아십니다. 삼세제불(三世諸佛)이 바로 불보이고, 부처님께서 설하신 성불(成佛)의 법이 법보이고, 그에 따라서 실천하는 불자님들이 승보 아니겠습니까? 그러나 이렇게 아는 것은, 이른바 한계가 있는 삼보(三寶)입니다.

삼보에도 삼승삼보(三乘三寶)가 있는데, 사성제(四聖諦)의 가르침을 들어 성불해 가는 불자님들이 성문승(聲聞乘)이고, 십이인연법(十二因緣法)이나 우주의 도리를 탐구해서 성불해 가는 불자님들이 연각승(緣覺乘)입니다. 보살승(菩薩乘)은 우리가 한사코 성불(成佛)하고자 해서 무량중생(無量衆生)한테 베풀고 대자비심(大慈悲心)으로 실천행을 따라서 성불하는 그런 불자님들이 아니겠습니까? 이렇게 구분하는 삼보

---

* 이 법문은 청화 큰스님께서 1992년 3월 1일 곡성 태안사 정기법회에서 설법하신 법문입니다.

를 삼승삼보라 합니다. 삼승삼보란 성문승, 연각승, 보살승과 같은 부류의 불자님들이 하는 정도의 삼보 해석입니다.

불교와 다른 종교와의 구분이라 하는 것은, 삼보가 있는가 없는가에 따라서 구분되지 않겠습니까? 삼보가 있으면 불법(佛法)이고 삼보가 없으면 외도(外道)입니다. 그런데 우리가 상식적으로 보통 알고 있는 것은 삼승삼보에 해당합니다.

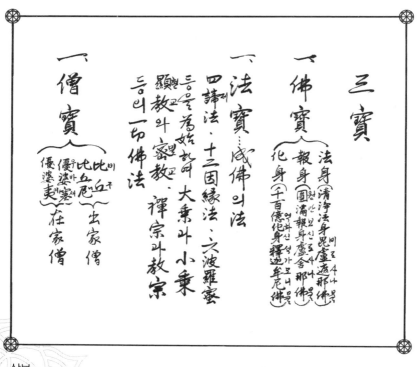

삼보

1. 왜 일승삼보인가?

그러나 우리가 정작 조금도 가림이 없이 무장무애(無障無礙)하게 거리낌 없이 성불하고자 할 때에는 일승삼보(一乘三寶)에 귀의해야 합니다. 참선법(參禪法)이라든가, 방편(方便)을 떠나 버린 법들은 모두가 다 일승삼보에 해당하는 셈입니다. 그러면 일승삼보란 어떠한 것인가? 이것은 우리가 공경하는 불보와 법보와 승보가 셋이 아니라는 뜻입니다. 우리 불자님들은 그런 뜻을 분명히 깊게 새겨야 합니다.

우리는 '부처'라 하면 우리 중생과 다르게 생각하고, 또한 '부처님 법'이라 하면 '아직 미혹한 우리들은 법(法)과는 별로 상관이 없지 않은가? 우리가 애쓰고 공부하면 법을 좀 알 듯 말 듯 하지 않은가?' 이렇게만 생각합니다만, 그 존중하는 부처님 팔만법장(八萬法藏)을 위시해서 무량(無量)의 불법(佛法), 또는 삼승성자(三乘聖者)를 위시해서 자기에 이르기까지, 또는 우리 인간도 미처 미달된 아수라(阿修羅)세계라든가, 축생계(畜生界)나, 아귀(餓鬼)나, 지옥(地獄)세계나 이런 것도 모두가 다 일승삼보(一乘三寶)일 때는 승보(僧寶)에 해당합니다. 다 중에 해당한단 말입니다.

어째서 꼭 그런 일승삼보, 이른바 불보나 법보나 승보나 제한이 없이 우리가 알아야 할 것인가? 또는 모르면 어떨 것인가? 현대사회는 우리가 아는 바와 같이 다 물질문명 속에 살고 있습니다. 과학과 기술 속에 가지가지 혜택을 보며 살고 있습니다. 그런데 대체로 현대인들은 과학의 노예로 지금 전락되어 있습니다. 풍요한 물질이라는 것은 대부분 다 과학과 기술에서 나온 것이 아니겠습니까?

그런데 그 과학이 불보나 법보나 승보나 나나 너나 이것이나 저것이나 갈라서 보지 않습니다. 따라서 우리가 불보 따로 생각하고 법보 따로 생각하고 승보 따로 생각하고, 나와 남을 따로 생각하고, '나와 남은 절대로 다른 것이다. 물질과 정신은 절대로 한 가지 것이 아니다' 이렇게 생각한다면, 이런 견해는 사실은 현대물리학만큼도 깊이가 있지 못합니다.

왜냐하면 현대물리학은 적어도 '물질은 모두가 하나로 돌아간다. 만법귀일(萬法歸一)이라, 만 가지 모든 법이 하나로 돌아간다' 이런 도리를 증명하고 있습니다. 만법으로 돌아가서 물질은 모두가 다 에너지로 귀일된다. 따라서 이것이나 저것이나 어떠한 것이나 에너지의 형상화가 아님이 없습니다. 달이나 해나 저 은하계나 우리 인간이나 모두가 다 에너지의 형상화가 아님이 없습니다.

우리가 소중히 아끼는 귀금속이나 무쇠나 흙덩어리나 모두가 다 겉만 차이가 있는 것이지 본질적으로 볼 때는 에너지의 화신입니다.

현대물리학은 이렇게 만법귀일이라, 모든 법이 하나로 돌아가는 것을 분명히 증명하고 있는데 우리가 부처님 법을 옛날식으로, 불보는 불보 따로 있고 법보는 법보 따로 있고 승보는 승보 따로 있다고 생각한다면, 부처님 법을 믿는 태도가 너무나 시대에 뒤떨어진 신앙밖에는 안 됩니다.

과거 미개한 때는 방편(方便)이 필요했지만 현대에는 방편이나 상식으로 통하지 않습니다. 가령 우리가 기도를 모신다고 하더라도, '내가 잘되고 사업도 잘되고 내 자녀들이 영달을 하기를' 바라는 식으로 기도를 모신다면, 이것도 역시 전근대적(前近代的)인, 과거의 방편적인 기도밖에는 안됩니다.

그럼 현대적인 기도는 어떻게 모실 것인가? 본질적인 본 성품을 여의지 않아야 합니다. 본질적인 본 성품을 여의지 않아야 불교의 근본목적인 해탈(解脫)로 가는 데 도움이 될 것입니다. 해탈로 가기 위해서는 가장 중요한 문제가 상(相)을 여의는 문제 아니겠습니까? 우선 '나'와 '남'을 딱 설정하고 '다른 사람은 실패하든 말든 나만 잘되면 된다' 이렇게 생각한다면 부처님 도리인 본 성품과 배치가 되는 것입니다. 본 성품으로 볼 때는 절대로 둘이 아닙니다.

따라서 우리가 기도를 모신다는 그런 문제를 위해서도 그렇고, 어떠한 문제를 위해서나 철학적인 기본 기조(基調), 철학적인 근거가 없으면 바른 것이 되지 못합니다. 철학적인 바른 기조란 무엇인가? 방금 제가 말씀드린 바와 같이 모든 것을 본질적으로 본다는 말입니다.

본질적으로, '내 성품은 무엇인가?' 또는 '나와 상대적인 저 사람의 성품은 무엇인가?' 또 '다른 나라, 다른 국민의 성품은 무엇인가? 다른 일체동물의 성품은 무엇인가? 식물이나 기타 우주만유(宇宙萬有)에 있는 모든 본래적인 성품은 무엇인가?' 이런 성품까지 알아야 이른바 현대적인 사고인 동시에 철학적인 사고란 말입니다. 따라서 현대는 꼭 철학적인 사고가 필요한 시대입니다.

이러다 보면 자칫 부처님 가르침이 너무나 바싹 말라 무미건조하게 됩니다만, 부처님 가르침은 그런 것은 아니지 않습니까? 바로 생명 자체란 말입니다.

따라서 아까 말씀드린 일승삼보란, 불보나 법보나 승보가 셋이 아니란 말입니다. 왜냐하면 천지우주(天地宇宙)는 오직 하나의 진리이기 때문입니다. 둘이나 셋으로 구분한 것은 우리 중생이 잘 알아먹지 못하니까 그때그때 방편으로 구분을 했습니다만 법신여래(法身如來)라는 말입니다.

또는 법성(法性)이나 불성(佛性)이나 같은 뜻이 되지 않겠습니까. 따라서 모두가 다 조금도 한계가 없는 법신여래, 법신(法身)은 부처님이란 말입니다. 그러기에 바로 생명이 안 되겠습니까.

이런 생명을 우리가 철학적으로 탐구한다 해서, 이것저것 다 부정해서 공(空)이 되고, 공을 통과해서 진공묘유(眞空妙有)가 되고, 이렇게 이론적으로만 따지다 보면 결국은 무미건조해 버립니다. 그러기에 참선을 하거나 기도를 모실 때는 복잡한 교리를 떠나서 오직 마음과 마음으로, 우리 마음의 깊이를 탐구해 들어가 공부하는 방식을 취하는 것입니다.

부처님 가르침은 바로 생명입니다. 생명이기 때문에 이것이 종교입니다. 다만 무질서한 생명이 아니라, 우주의 본질적인 생명이기 때문에 바로 철학이란 말입니다.

오늘은 정기법회를 모처럼 하는 날이기 때문에 제가 무슨 말씀을 좀 많이 하려고 생각을 했습니다만, 저 밖에서 의자에 미처 앉지도 못하고서 계신 분들이 있기 때문에 송구스러워서 많은 말씀을 드릴 수가 없습니다.

따라서 우주의 생명을 하나의 생명 자체적인 면에서 볼 때에는 부처 불(佛)자, 보배 보(寶)자, 바로 불보(佛寶)입니다. 모든 공덕과 일체지혜(一切智慧)와 자비공덕(慈悲功德)을 다 갖추고 있는 그런 도리가 가득 차 있는 면에서 볼 때에는 법보(法寶)입니다.

방금 제가 말씀드린 바와 같이 바로 생명 자체, 우주 전체, 처음도 없고 끝도 없고 낳음도 없고 죽음도 없고 그런 무량무변(無量無邊)한 우주의 생명체, 그런 면에서 볼 때에는 바로 불보인 것이고, 그 불보가 아무렇게나 되는 것이 아니라 그 가운데 일체 자비, 지혜, 능력, 행복, 다 갖추고 있단 말입니다.

그래서 무량의 보배를 갖추고 있는 그런 면에서 볼 때는 이른바 다보여래(多寶如來)입니다. 많을 다(多)자, 보배 보(寶)자, 한도 끝도 없는 보배가 갖추어 있단 말입니다.

또는 그 자리가 심심미묘(甚深微妙)하기 때문에 묘색신여래(妙色身如來)입니다. 그 자리는 바로 청정미묘(淸淨微妙)한 광명으로 충만해 있기 때문에 묘색신여래라, 우리가 보는 그런 물질이 아니라 광명의 세계란 말입니다.

또는 그 자리는 일체 공포를 다 떠나 안락하고 그야말로 자유와 평등과 모두를 다 원만하게 갖추고 있기 때문에 '리포외(離怖畏)'라, 두려움을 떠나 버렸단 말입니다. 우리 중생이 죽음 같은 것을 두려워하는 것은 본 성품을 몰라서 그럽니다. 본 성품 그 자리에서는 본래 죽음이 없어서 그 자리만 지향(志向)한다고 생각할 때, 그 자리와 하나가 된다고 생각할 때는 두려울 것이 없습니다. 공포의 가장 극단적인 것이 죽음 아닙니까? 우리가 '두렵다, 무섭다' 하지만 결국은 죽음을 전제로 하니까 두려운 것이지 죽음이 없다고 생각할 때는 공포가 생길 수가 없습니다. 그래서 부처님은 그와 같이 공포를 다 여의고 대자유, 대해탈 그런 면으로 볼 때에 리포외, 두려움을 떠나 버린 부처님입니다.

또는 부처님 자리에서는 일체 행복을 다 갖추고 있기 때문에 안락무우(安樂無憂), 안락하고 행복할 뿐입니다. 그런 면에서 볼 때는 감로왕여래(甘露王如來)입니다.

이렇게 그때그때 부처님 공덕을 따라서 그렇게 많은 찬탄을 하는 명호(名號)가 붙습니다. 그러나 결국 하나의 부처님입니다. 이런 모든 성공덕(性功德)을 갖춘 그 자리가 부처님의 법보입니다. 우주의 원리인 동시에 모든 성공덕을 갖춘 그 자리가 법보란 말입니다.

그러면 승보는 무엇인가? 아까 제가 말씀드린 바와 같이 불보와 법보를 따라서 성불하는 길을 가셔서 위대한 깨달음을 얻으신 과거 조사 스님들, 그런 도인들은 다시 말할 것이 없습니다. 그러나 아직 도인이 못 된 우리 불자님들도 모두가 다 승보입니다. 그러면 우리 불자님들만 승보일 것인가? 광범위하게 생명 자체로, 본질적으로 볼 때는, 기독교 믿으나 이슬람교 믿으나, 도교(道敎)나 유교(儒敎)를 믿으나 모두가 다 승보입니다. 그러면 사람만 승보일 것인가? 일승삼보(一乘三寶)란 차원에서 볼 때는 사람만 승보가 아닙니다. 다른 동물, 다른 식물, 우주에 있는 유정(有情), 무정(無情), 식(識)이 있는 것이나 없는 것이나 유상(有相), 무상(無相), 우리 중생(衆生)의 눈으로 보이는 것이나, 안 보이는 것이나 모두가 다 승보입니다. 중 승(僧)자, 보배 보(寶)자입니다.

다시 되풀이해서 말씀드리면 천지우주(天地宇宙)의 생명 자체가 바로 불보이고, 불보에 간직해 있는 무량(無量)의 성공덕이 법보이고, 일체 존재가 승보입니다.

따라서 다시 바꾸어 말씀드리면 삼보(三寶)는 바로 법보화삼신(法寶化三身), 법신(法身), 보신(報身), 화신(化身) 삼신이나 같이 배대해서 애기할 수가 있는 것입니다. 이렇게 되어야 법보화 삼신으로 해서 모두가 하나의 원융무애(圓融無碍)한 우주의 생명입니다. 이렇게 되어야 아까 제가 말씀드린 일승삼보입니다.

삼승삼보(三乘三寶)는 방편삼보(方便三寶)이므로, 일승삼보가 되어야 방편을 떠나 버린 진실삼보(眞實三寶)입니다. 진실삼보가 되어야 우리 마음에 갈등을 느끼지 않습니다. 부처님 공부라는 것은 마음에 갈등을 느끼지 않고 항시 안락하게 공부를 해야 합니다. 그리 하려면 적어도 철학적으로 공부해야 합니다. '철학적'이라는 말은 본질적이라는 뜻이 되겠지요.

철학적이라고 하면 굉장히 어렵게 생각되겠지만, 철학은 본질적인 뜻입니다. 인생과 우주의 본래적인 것을 우리가 철학적이라고 말합니다. 사실은 철학적으로, 본질적으로 종교를 갖지 않으면, 불교를 믿는다 하더라도 불교 믿는 혜택을 별로 못 입습니다. 과학은 과학대로 철학은 철학대로 또는 다른 것은 다른 것대로 빙빙 돈단 말입니다. 그러나 본질적으로 불교를 믿는다고 생각할 때는 불교라는 것 가운데 모두가 다 들어가 버립니다.

2. 마음과 삼보(三寶)

그러면 삼보, 일승삼보와 우리 마음은 어떠한 관계가 있는 것인가? 우리 마음이 바로 삼보입니다. 우리 마음이 바로 일승삼보입니다. 우리 마음 가운데 불보나 법보나 승보가 다 들어 있습니다.

'우리가 부처님을 믿는다 해도 마음 깨달으면 성불(成佛)하지 않는가' 이런 말을 누구나 다 합니다만 자기 마음의 실상(實相), 이런 문제에 관해서 깊이 생각하지 못하는 분이 있습니다.

자기 마음은 국한된 자기 몸뚱이에 담겨 있는 신령스러운 기운이라고 생각한단 말입니다. '내 마음은 내 몸에 들어 있는 영혼이 아닌가?' 이렇게 보통 생각합니다. 그렇게 생각하면 그야말로 우리 불자로서는 큰 탈입니다. 그렇게 생각하는 한, 불교의 혜택을 절대로 입지 못하는 것이고, 불교에서 말씀하고 있는 화합이라는 큰 덕목(德目)도 이룰 수가 없습니다.

'내 마음은 내 몸 안에 들어 있고, 그대 마음은 그대 몸 안에 들어 있다' 이렇게 생각하니까 조금 자기한테 기분 나쁘면 옆 사람하고 그냥 속상해하고 비방도 하고 그렇게 불화하게 되지요.

그러나 우리 마음은 그런 것이 아닙니다. 우리 마음이 어디에 있습니까? 머리에 있습니까? 뇌에 있습니까? 가슴에 있습니까? 다리에 있습니까?

톨스토이가 자기 마음을 천착(穿鑿)한 그런 글을 좀 봤습니다만, 자기는 머리카락부터서 발끝까지 아무리 생각해봐도 마음이 들어 있는 데가 없다고 했습니다. 그런 문제를 나중에 부처님 가르침을 보고 비로소, '그럼 우리 마음은 밖에 있는가? 어디에 있는가? 자기 안에 있지 않으면 밖에 있다고 할 수 있겠지요. 정말로 마음만 정확하게 사무치게 깨달아 버리면 그 자리가 바로 성불의 자리입니다.

따라서 우리 불교를 심종(心宗)이라고 합니다. 마음 심(心)자, 마루 종(宗)자, 심종이라 합니다. 불교고 뭣이고 이름 많이 붙이고 합니다만, 다 몰아서 이야기하면 우리 불교는 '심종'입니다. 바로 마음의 종파란 말입니다.

그러면, 마음 밖에 물질이 분명히 있는데, 물질은 거기에 대립되는 무엇인가? 그렇게 되는 것이 아니라 일체유심조(一切唯心造)라, 모두가 마음으로 됐기 때문에 사실은 마음뿐입니다.

적어도 불교 가르침을 공부하신 분들이 '일체유심조'란 도리를 모르는 분이 있겠습니까? 대부분 다 아신단 말입니다. 모두가 마음뿐이겠지, 옆 사람이 자기를 손톱으로 좀 할퀴면, 마음뿐인데, 아프다고 하지 않을 수가 있겠습니까? 보통 사람들이 성내지 않을 수가 있겠습니까? 그런 것은 모두가 다 우리 마음의 본체를 사무치게 알지 못해서 그런 겁니다.

이런 것을 분석적으로 아는 가르침이 불교에서 '석공관(析空觀)'이라, 분석할 석(析)자, 빌 공(空)자, 볼 관(觀)자, 석공관이라 합니다. 내 몸뚱이도 분석해서 '공'으로 돌립니다. 또 환경에 있는 대상적인 모든 것을 다 분석해서 공으로 돌리는 그런 공부하는 방법을 '석공관'이라 하지요.

석공관을 간단히 말씀드리면, 가령 사람 몸뚱이도 분석해놓고 본다면 각세포 아니겠습니까? 세포가 모였단 말입니다. 세포는 무엇인가? 세포는 각 분자(分子) 구조로 해서 적당히 결합한 것입니다. 분자(分子)는 무엇인가? 각 원소(元素)의 인연 따라서 모아진 결합체가 분자 아니겠습니까? 각 원자(原子)는 무엇인가? 원자는 마이너스 플러스 전자(電子)와 그 반대되는 양성자(陽性子)와 또는 중간되는 중성자(中性子)와 이런 것들이 모아 있는 이것이 원자란 말입니다. 원자는 무엇인가? 원자는 눈으로는 도저히 볼 수가 없고 이론적으로만 겨우 알 수 있는 소립자(素粒子)라는 알갱이가 어떻게 진동하는가, 진동 여하에 따라서 마이너스가 되고 플러스가 됩니다. 이런 것이 전자가 되고 뭣이 되고 합니다.

소립자는 무엇인가? 소립자라는 가장 작은 알맹이 이것은 중성미자(中性微子) 같은 아주 제일 적은 것은 공간성이 없습니다. 공간성이 없고, 또한 그 자리는 마이너스 전기나 플러스 전기, 이른바 전하(電荷)가 없단 말입니다. 따라서 결국은 텅텅 다 비어 버립니다.

불교에서 말하는 석공관(析空觀)은 이렇게 현대물리학적으로 분석하지는 않습니다만, 극유진(隙遊塵), 우모진(牛毛塵), 양모진(羊毛塵), 토모진(兎毛塵), 수진(水塵), 금진(金塵) 그렇게 되어갑니다. 저 끝에 가서는 금진이라, 쇠 금(金)자, 티끌 진(塵)자입니다. 금진의 다른 이름이 금강진(金剛塵), 또는 금륜(金輪)이라 하지요. 그래서 일체 존재는 분석하고 분석해서 끝에 가서는 모두가 다 하나의 금륜이 되어 버립니다.

이 말은 바로 현대과학적으로, 물리학적으로 말하면 일체 존재는 분석해 들어가면 모두가 다 에너지가 되어 버린다는 말이나 똑같습니다. 그러면 분석한 뒤에 에너지가 되고, 또는 분석한 뒤에 금륜이 되는가? 이런 도리에 대해서 우리 불자님들도 상당히 회의를 느끼고 방황도 많이 합니다.

그러나 다행히도 『반야심경(般若心經)』, 『금강경(金剛經)』 같은 도리에서 색즉공(色卽空)이라, 물질이 바로 공(空)이란 말입니다. 아까 말씀드린 바와 같이 '분석해서 종당(終當)에 다 공이 된다'는 도리와 '색즉공이라, 색은 바로 물질이니까 물질이 바로 공이라'는 도리는 굉장히 큰 차이가 있습니다.

그러나 일반적인 상식으로 해서는 '분석한 뒤에 공인 것이지, 나도 물질이고 다 물질인데 물질이 왜 그대로 공일 것인가?' 이렇게 의문을 품습니다. 맹인에게 검은색을 말하고 또는 노란색을 말하고 푸른색을 말하면 맹인이 그것을 납득할 수 있겠습니까? 맹인은 모를 것입니다.

그와 똑같이 번뇌에 때 묻은 우리 중생들한테, '천지우주는 부처님 광명으로 충만해 있다'라는 말을 해도 알 수가 없습니다.

그러나 우리가 정말로 공부를 해 가지고서 우리 안목이, 우리 마음이 맑아져서 천안통(天眼通)을 통하고 법안(法眼)을 얻으면, 또는 혜안(慧眼)을 얻고 청정불안(淸淨佛眼)을 얻어 청정불안으로 본다면 우리가 보는 듯이 이 사바세계를 보지 않게 됩니다.

우리는 자기 안목을 반성을 해야 합니다. 가끔 말씀드립니다만 우리가 '산은 산이요 물은 물이다'라고 하면 우리가 보는 산이나 도인들이 보는 산이나 똑같이 생각할 것입니다. 대상은 한 대상이겠지요. 그러나 같은 산을 보고 같은 물을 본다 하더라도 같이 보지를 않습니다.

소동파(蘇東坡)는 중국 당나라 때의 위대한 문인인 동시에 정치가 아닙니까? 소동파가 깨달아서 산을 볼 때는, 산을 부처님의 청정법신(淸淨法身)으로 볼 것입니다. 그럼 시내에 흘러가는 물은 어떻게 보는가? 소동파가 볼 때는 부처님의 장광설(長廣舌)이라, 부처님의 사자후(獅子吼) 같은 설법으로 봅니다.

그렇게 생각할 때, 우리 중생들이 보는 견해와 똑같을 수가 없습니다. 우리는 이러한 것을 반성해야 합니다. 그렇지 않고서 '산은 산이요 물은 물이다'라고 하면 우리가 보는 물 그대로 사실로 생각한단 말입니다. 그러나 우리가 보는 것은 실존적(實存的)인 사실이 아닙니다. 참말로 있는 존재가 아니란 말입니다. 우리는 지금 허상(虛像)만 보는 것입니다.

따라서 우리 불자님들 공부하는 마음 자세가 가장 중요한 것은 객진번뇌(客塵煩惱)라, 손 객(客)자, 티끌 진(塵)자, 번뇌(煩惱)를 객진(客塵)

이라 합니다. 객진이란, 손님 같이 본래 있는 것이 아닌 티끌이란 말입니다. 왜냐하면 우리 마음이나 또는 다른 사람 마음이나 천지우주의 마음은 본래 청정무구(淸淨無垢)하기 때문입니다.

어려우시더라도 꼭 본질적으로, 철학적으로 불교를 알아야 합니다. 본질적으로 말하면, 우리 마음은 바로 청정법신입니다. 바로 청정하단 말입니다. 청정한데 우리가 인과(因果)의 법칙에 따라서 그때 잘못 보아 무명(無明)이 생기는 것입니다.

그럼, 청정법신은 어디에 따로 있는 것인가? 청정법신이라 하면 같은 뜻인데, 바로 우주가 청정법계(淸淨法界)인 동시에 청정법신이라, 따라서 내 스스로나 우리가 미워하는 사람이나 또는 다른 동물이나 모두가 다 청정법계에 청정법신입니다. 따라서 사실은 그것은 모두가 물질이 아니란 말입니다.

주문을 외우시든 화두(話頭)를 참구하시든, 어떻게 하시든 간에 아까 제가 말씀드린 바와 같이 청정법신 자리, 우리 자성(自性) 자리, 본래면목(本來面目) 자리를 분명히 이해하고 우리 마음을 그 자리에 못 박으면서 공부해야 참된 공부가 됩니다.

3. 본래면목(本來面目)을 찾아서

앞서 말씀드린 바와 같이 우리 견해에 따라서 좋고 궂게 또는 나쁘게 보고 그릇되게 보는 것이지, 본래 청정법신 자리는, 불교의 도처에 있는 바와 같이, 나지 않고 죽지 않고 더하지 않고 덜하지 않고 또는 더럽

혀지지 않습니다. 오직 청정하고 앞서 법보에서 말씀드린 바와 같이 일체 모든 공덕을 갖춘 그 자리입니다.

그런데 그와 같이 번뇌라는 것은 본래 있는 것이 아니라 우리 중생이 잘못 봐서 '이것이다, 저것이다, 좋다, 궂다' 이것이 번뇌 아닙니까? 괜스레 그와 같이 우리 마음으로 지어서 만드는 그것이 번뇌입니다.

'나'라 하는 것도 '나'가 독립되어 있습니까? 독립되어 있는 것이 아닙니다. 우리 중생의 상식으로 볼 때는 내 몸뚱이, 내 소유 이렇게 독립해 있다고 생각하는데, 우리는 독립해 있지 않습니다.

다 아시는 바와 같이 지금 우주 법계(法界)는 전자력(電磁力), 전기나 자기의 파동(波動)이 충만해 있습니다. 물리학은 그것을 증명해 있습니다. 이 공간 속에나 별 속에나 사람 몸속에나 전기나 자기의 에너지가 충만해 있습니다. 따라서 그런 전자력 파동이 파동치고 있는 것인데, 전자력 파동은 나에게만 있고 너에게는 없겠습니까? 전자력 파동이란 차원에서 볼 때는 나와 남이 딱 닿아 있습니다. 그 징그러운 독사하고 나하고도 딱 닿아 있고, 지금 딱 닿아 있습니다. 독사가 앞에 있을 때 '저놈하고 나하고는 아무 관계가 없겠지' 하지만 전자력 차원에서 볼 때는 딱 닿아 있단 말입니다.

그럼 불성(佛性)은 무엇인가? 불성은 전자력보다도 더 근원적인 본질입니다. 이른바 가장 근원적인 물자체(物自體), 어떤 것이나 다 불성으로 이루어지지 않은 것이 없고 불성은 어디에나 충만해 있습니다. 불성이 어디에나 충만해 있다고 생각할 때, 불성 그것은 물질이 아니고 공간성이나 그런 것이 있는 것이 아닙니다.

따라서 미운 사람과 자기 사이에도 불성이 거기에 충만해 있습니다. 이런 도리를 한번 생각해 보십시오. 그렇게 미운 사람, 곧 때려죽이고 싶은 사람, 그 사람이 자기하고도 불성으로 딱 닿아 있다는 말입니다. 이런 도리를 안다면, 어떻게 자기 것이라고 고집하고, 자기가 국회의원이 되고자 해서 다른 사람을 비방하고 중상 모략하는 짓을 어떻게 하겠습니까?

따라서 무슨 생명운동, 무슨 운동, 여러 가지 운동이 많이 있습니다만, 그런 운동을 한다 하더라도 다 좋은 것이지만, 아까 제가 말씀드린 바와 같이 철학적이고 본질적인 운동을 해야 합니다. 어버이가 자식을 사랑해도 철학적으로 사랑해야 합니다. 그 말은 무엇인가 하면, 우리 마음을 본래 불성 자리에다 두고 사랑해야 한단 말입니다. 그러면 자기 아들한테나 딸한테만 집착할 수가 없습니다. 습기(習氣)가 있어서 단박에는 제대로 안 되겠지만, 그래도 너무 지나친 집착을 할 수가 없습니다. 이래서는 안 되겠구나 하고 그냥 반성하게 됩니다.

옛날에 한 장자(長者)가 있었는데, 장자니까 부자 아니겠습니까? 부자인데 내외간에도 참 잘 만나서 부부간 금슬도 화락(和樂)하고 아들도 출중한 아들을 낳았습니다. 그리고 부자니까 자기가 데리고 있는 종이나 그런 사람들도 많이 있었겠지요.

그 사람이 너무 부자이니까 임금도 시기를 하고 대신들도 시기 질투를 했습니다. '저놈 재산을 어떻게든 몰수해야 할 것인데' 하고 말입니다. 옛날에야 그냥 전제주의 시대인지라 그럴 수도 있었겠지요. 그래서 역모를 했다는 중상모략을 해 가지고 무슨 올가미를 씌워서 잡아들였단 말입니다. 반역을 해 가지고 역적질했다는 것으로 해서 잡아들였는데 워낙 그런 근거가 없으니까 차마 죽이기가 곤란해서 여러 가지 어려운 문제를 제시했습니다.

임금님께서 장자를 불러놓고 하는 말이, "여기에서 한 천리쯤 가면 한 성(城)이 있는데, 그대가 이레 안에 그 성에 도착하여 거기서 하룻밤 자고 또 이레 안에 여기까지 돌아온다면 그대와 그대 자식이나 종들이나 재산이나 모두를 다 그대로 돌려주고 용서하겠다"고 분부했습니다.

천리 길을 도보로 이레 안에 갈 수가 있겠습니까? 그러나 못 간다고 할 때는 자기도 죽고 자기 가족도 다 죽고 재산도 몽땅 빼앗기게 되겠지요. 그래서 그야말로 혼신의 힘을 다해서 갔습니다.

우리는 우리 인간의 힘을 절대로 국한시켜서는 안 됩니다. '내 머리는 이 정도밖에는 아니다'라고 스스로 힘을 제한해서는 안 됩니다. 인간의 힘이란, 본래가 부처이기 때문에 정말로 용쓰고 발휘하고 자기 스스로 편달(鞭撻)하면 부사의(不思議)한 힘을 꼭 내는 것입니다.

저도 6.25 전쟁 때 어떻게 이상한 일이 생겨 가지고 쫓겼습니다. 밤인데, 제 집에서 저 바닷가로 나가 배를 타고 도망갈 판인데, 제 집에서 바닷가로 가려면 한 40리나 됩니다. 그런 길이 있습니다. 그런데 배가 닿는 곳까지 가는 길에는 언덕도 많이 있고 아주 험준한 데가 많이 있습니다. 평소 같으면 도저히 함부로 가지 못합니다. 그런데 40리 길을 그야말로 밤에 자빠지고 넘어지며 가도 어디 상처 하나도 나지 않고 갔습니다. 제가 보기엔 삼십분 안에 거기까지 가 버렸습니다. 참 그걸 생각할 때에 죽을힘을 다하면 자기도 모르는 가운데 부사의한 힘을 냅니다.

그 장자도 그야말로 이레 안에 당도했단 말입니다. 그래서 하룻밤 자고 다시 또 이레 만에 이쪽 임금님 있는 데로 왔습니다. 그러니까 임금님

도 할 수 없이 그가 미웠지만 죽일 수가 없었습니다. 그래서 장자는 석방이 되었습니다. 이럴 때에 장자가 용쓴, 용맹정진한 힘은 굉장히 가상한 일이 되지 않겠습니까?

그런데 우리 불자님들이 부처님 법을 위해서 보살행을 한다고 생각할 때에 '내 몸뚱이 산다. 내 자식 살린다. 내 재산을 몽땅 그대로 보전한다' 그렇게 용쓰고 하는 것과, 일반 중생들한테 베푸는 것 가운데 가장 좋은 베품이 무엇인가? 그것은 본래 부처인 것을 깨닫게 합니다. 본래 부처인 것을 깨닫게 하는 공덕이 어째서 클 것인가? 이것은 우리가 다 아는 문제 아닙니까? 본래 부처인 것을 깨닫는다고 생각할 때는 금생(今生)에 함부로 할 수가 없습니다.

저는 우리 불자님들을 가끔 만날 때에 이따금은 제 마음으로 서글플 때가 있습니다. 어째 그런가 하면, 아무런 필요 없이 소모한단 말입니다. 아무런 필요 없이 자기 이웃을 미워하고 서로 불화하며 지낸단 말입니다. 자기를 위해서나 남을 위해서나 남하고 불화할 만한 아무런 까닭이 없습니다. 뭣 때문에 그러는 것인가?

우리 스님네도 마찬가지 아닙니까? 태안사에 살고 있다고 다른 스님네가 들어오면 "같이 사십시다. 제가 있는 것이 거북하면 저는 나가겠습니다" 그러면 될 것을, 남하고 다툴 만한 아무런 까닭이 없습니다.

자기 집이나 자기 재산 남한테 다 줘 버린다 하더라도 사실은 손해 볼 것은 아무것도 없는 것입니다. 자기 공덕만 남습니다. 금생은 참 꿈같이 허망합니다. 좋은 사람이나 궂은 사람이나 미운 사람이나 사랑하는 사람이나 모두가 다 얼마 가지 않아 흔적도 없이 갈 사람들입니다. 오늘 일을 모르고 내일 일을 모르는 것이 인생 아니겠습니까? 정말 허망한 것입니다. 그런 허망한 인생 가운데서 남한테 좋은 일 하는 공덕을 짓는 것은 죽어서도 공덕으로 남는 것입니다.

자기 아들이 학교에 못 들어간다 하더라도, 그것도 조금도 손해가 아닙니다. 지금은 못 들어갔기 때문에 그것이 인(因)이 되어서 더 잘될 수가 있습니다. 지금 잘된 것이 나중에 도리어 그것 때문에 잘못될 수가 있는 것입니다. 인생만사(人生萬事) 새옹지마(塞翁之馬)라, 잘된 것이 도리어 나중에 재앙의 근본이 될 수 있고, 잘못된 것이 전화위복(轉禍爲福) 되어서 더 잘되고 하는 수가 얼마나 많습니까?

따라서 어떤 경우든지, 사업에 실패하거나 남이 배신하거나 자기 배우자가 지금 눈앞에서 곧 돌아가시거나 부처님 법으로, 아까 제가 말씀드린 바와 같이 철학적으로 보면 아무 손해가 없습니다.

그러기에 운문 선사가 말씀하신 '일일시호일(日日是好日)'이라, 날마다 좋은 날이라, 이런 것은 그냥 아무렇게나 무엇이 잘되어서 좋은 날이라는 말은 절대로 아니란 말입니다. 본바탕에서, 자기 본 성품 자리에서 보면, 오늘이나 내일이나 금년이나 내년이나 모두가 다 좋은 날이요 좋은 해입니다. 이렇게 되어야 이른바 참선 공부를 한다 하더라도 무시선(無時禪)이라, 때 없이 참선이 됩니다. 선방(禪房)에 죽치고 앉아서 참선이 되는 것이 아니라 행주좌와(行住坐臥)에 걸어가나 눕거나 모두 선(禪)이란 말입니다.

우리 마음이 본 성품 자리에서 떠나지 않는다면 언제나 참선입니다. 그러나 선방에서 비록 위의(威儀)를 가지고 앉아 있다 하더라도, 화두(話頭)를 참구하고 염불(念佛)하고 한다 하더라도 우리 마음이 본 성품을 여읜다면 참선도 아니고 아무것도 아닙니다.

우리 마음이 생명이듯이 부처님은 바로 생명입니다. 따라서 우리가 공부할 때도, 특히 재가불자님들께서는 바쁜 몸이시고 복잡하고 인생고해(人生苦海)인지라 여러 가지로 고액(苦厄)이 많으므로 꼭 마음에 의지가 필요합니다.

부처님은 그래서 대의호(大依怙)라, 의지할 의(依)자, 믿을 호(怙)자, 우리가 믿고 의지할 데입니다. 사람 사람끼리야 기분 사납고 자기한테 해로우면 배신한다 하더라도 부처님이 배신하시겠습니까? 부처님은 분명히 필경의(畢竟依)입니다. 대의호라, 믿고 의지할 데입니다.

그러기에 우리 재가불자님들은 바쁘고 여러 가지 고액(苦厄)이 많으시니까 생명을 생명으로 참구(參究)하는 그런 방법을 취하시는 것이 훨씬 좋습니다. 그 말씀은 어떤 말씀인가 하면, 부처님을 그냥 부처님 이름으로 숭상(崇尙)한단 말입니다. 생명이기 때문에, 가령 부처님을 '무 무 무 무' 하고 구하면, 생명을 생명으로 추구하는 그런 것은 가슴에 딱 안 나오지요.

그러나 '관세음보살(觀世音菩薩)님, 나무아미타불(南無阿彌陀佛)' 이렇게 왼다면, '아! 부처님은 인격이구나. 부처님은 생명이구나' 하고 알 수가 있습니다.

부처님한테 이름이 붙어 있는 것은 아니겠지만, 부처님은 생명인지라 석가모니(釋迦牟尼) 부처님의 무량신통묘지(無量神通妙智)로 해 가지고서 그와 같이 부처님의 공덕에 알맞게 이름을 붙였습니다.

'나무아미타불'이나 '관세음보살'은 우리 중생들이 아무렇게나 붙인 이름이 아닙니다. 부처님의 생명에 걸맞게 석가모니 부처님 같으신 우리 교주님이, 천지우주의 모든 도리를 성상체용(性相體用)을 통해서 다 아

시는 부처님께서 거기에 걸맞게 붙인 부사의한 이름이 '나무아미타불'
이요, '관세음보살'이요, '지장보살'입니다.

따라서 그런 이름들은 부처님을 생명으로 숭앙(崇仰)하는 하나의 공부
방식입니다. 고향같이 임같이 우리가 의지가 딱 되어 버려야 힘이 생깁
니다. 얼마나 사회가 복잡합니까? 그냥 심상(尋常)하고 평범한 방법으
로 해서는 우리의 불안한 마음을 해소할 수가 없습니다.

'부처님이시여! 부처님이시여!' 부처님이 정말로 생명으로 해서 자기 고
향으로, 자기 가슴에 딱 들어 있어 버려야 남들을 상대할 때도 조금 기
분 사납다 하더라도 상(相)도 안 내고 다투기도 안 한단 말입니다.

남하고 불화하고 지내려면 차라리 '불자(佛子)'라고 하지 말아야 합니
다. 화합을 깨뜨릴 만한 이유가 아무것도 없습니다. 양보하면 양보한
만큼 자기에게 득이 됩니다. 자기가 몰라서 그러는 것이 아니라, 자기
가 양보하고 '아! 제가 잘못했습니다' 자기가 잘했더라도 그래 버리면,
그때 그것이 자기 득이 됩니다. 남하고 화합하기 참 쉬운 것입니다.

나도 부처고 너도 부처고 다 부처인 것인데 어디에다 대고 우리가 무
슨 교만심을 낼 필요가 있습니까? 콧구멍이 자기입니까, 눈이 자기입
니까? 부처님 법에서 볼 때는 자기라는 것은 없습니다. 그러기에 오온
개공(五蘊皆空)이라, 오온의 구성은 지수화풍(地水火風) 사대(四大) 산
소, 수소, 질소, 탄소로 결합된 이 몸뚱이, 결국은 비어 있단 말입니다.
우리가 잘못 보고 '있다'고 보는 것입니다.

에너지의 파동, 불교식으로 하면 불성(佛性)의 진동, 불성의 파동입니
다. 불성이 어떻게 진동하는가 따라서, 불성 차원에서는 모두가 하나입
니다.

정말로 화합하셔야 합니다. 부부간에 화합하시고, 제일 사랑하는 부부간 또는 부녀간, 모녀간에 모두 화합하셔야 합니다. 화합하지 못하면 금생에 사실은 살 가치가 없습니다. 화합하지 못하면 그때는 업(業)을 짓는 것입니다. 묵은 업을 지을 바에는 금생에 무슨 필요로 태어났습니까?

금생에 태어났다고 할 수 있는 가치는 무엇인가 하면, 금생은 수련도장(修練道場)입니다. 성불하기 위한 도장입니다. 성불하기 위해서 상(相)을 하나둘씩 차근차근 모서리를 없애야 합니다.

그래서 적어도 임종(臨終) 때는, 천지우주의 생명 자체인 아미타불이나 관세음보살이나 지장보살 같은 보살님들이 분명히 우리를 마중하시는 것입니다. 영접을 하시는 것입니다. 사람 모양으로 하는 것이 아니라 광명의 몸으로 와서 하시는 것입니다.

'나'라는 관념이 떠나고 남한테 베풀고 남한테 잘하고 자타(自他)의 관념이 희미할수록 그러한 성중(聖衆)들이 불보살(佛菩薩)의 광명의 몸으로 오셔서 우리를 인도하시어 그냥 즉시에 바로 금색연화대(金色蓮花臺)라, 광명의 연대에 타고서 극락세계로 가시는 것입니다. 극락세계는 무엇인가? 극락세계는 바로 우주의 실상세계(實相世界)입니다.

전수행자(專修行者) 천무일실(千無一失)이라, 오로지 사심 없이 수행한다고 생각할 때는 천무일실이라, 일천 천(千)자, 없을 무(無)자, 한 일(一)자, 잃을 실(失)자, 한 사람도 빠지지 않는단 말입니다. 사심 없이 진정으로 공부한다고 생각할 때는 그때는 천무일실, 천 사람도 빠짐없이 다 깨닫게 됩니다. 그러나 그 반대로 잡수행자(雜修行者), 이것저것 뒤섞어서 수행을 했다 말았다 하는 그런 사람들은 천무일득(千無一得)

이라, 한 사람도 얻지를 못하게 됩니다. '전수행자 천무일실'입니다.

꼭 금생에 우선 자기의 행복을 위해서, 자기 가족의 행복을 위해서, 또는 자기 마을을 위해서, 나라를 위해서, 인류를 위해서, 어떤 것을 위해서나 부처님한테 가는 길이 가장 최선의 길입니다. 이렇게 해서 위없는 행복을 누리시길 간절히 바라면서 법문을 마칩니다.

나무 석가모니불, 나무 마하반야바라밀.

佛

불

위법망구

금타 대화상의 「반야심경」 약해(略解)

<서분序分 제일第一>

관자재觀自在의 보살菩薩이

(삼신三身 사지四智에 만덕萬德을 구비具備한 일대인一大人의 대자재경大自在境을 관찰觀察하는 보살菩薩이)

행심반야바라밀다시行深般若波羅密多時에

(심밀深密의 정지正智로써 피안彼岸에 도도到하는 법法을 수행修行할 시時에)

조견오온개공照見五蘊皆空하야

(먼저 망정妄情으로 임의任意 분별分別하든 색법色法인 색온色蘊과 심법心法인 수상행식受想行識의 사온四蘊은 일즉히 가상가명假相假名으로서 명상名相이 본공本空일새 오온五蘊의 개공皆空함을 조견照見하야)

도일체고액度一切苦厄이니

(생로병사生老病死의 사고四苦를 주主로 한 일체고액一切苦厄의 고해苦海를 도度하나니)

<정종분正宗分 제이第二>

사리자舍利子야 색불이공色不異空이오 공불이색空不異色일새
색즉시공色即是空이오 공즉시색空即是色이라
(색색色이란 공성空性의 여여상如如相으로서 색체色體가 별유別有함이 않이
오 공체空體의 환화幻華일새 색색이 공공空과 불이不異하고 공공空이 색색과 불
이不異하야 공공空 그대로 색색이오 색색 그대로 공공空이라)

수상행식受想行識도 역부여시亦復如是니
(사온四蘊도 그러하니)

사리자舍利子야 시제법공是諸法空의 상相은
(오온五蘊의 제법諸法이 본공本空한 실상實相은)

불생불멸不生不滅이며
(원래元来 생생生하였음이 않이니 멸滅하지 못하고)

불구부정不垢不淨이며
(염구染垢하지 않앴으니 세정洗淨하지 못하고)

부증불감不增不減일새
(흠축欠縮없이 원만圓滿하니 증감增減하지 못할지라)

시고是故로 공중空中에 무색無色이라 무수상행식無受想行識이니

(그러므로 제법공諸法空의 실상實相엔 색色이란 가상假相도 무無하고 수상행식受想行識이란 가명假名도 무無하야 무명無明이란 가상가명假相假名의 총대명사總代名詞로서 근본무명根本無明이 무無하니)

무안이비설신의無眼耳鼻舌身意요

(육근六根도 무無하고)

무색성향미촉법無色聲香味觸法이오

(지말무명枝末無明이 무無하니 육진六塵도 무無하며)

무안계無眼界요 내지무의식계乃至無意識界일새

(이미 근진根塵이 무無하니 전오식前五識의 소지경계所智境界도 무無하고 능지能智의 의식계意識界도 무無하야)

무무명無無明이라 역무무명진亦無無明盡이며

(무명無明이란 도시본무都是本無할새 무명無明의 진盡할 것도 무無하며)

내지무노사乃至無老死라 역무노사진亦無老死盡이며

(따라 행行·식識·명색名色·육처六處·촉觸·수受·애愛·취取·유有·생生도 무無할새 내지乃至 노사老死의 진盡할 것도 무無하며)

무고집멸도無苦集滅道니

(이와 같이 삼세三世의 고과苦果와 그 집인集因을 밝히신 십이지十二支의 인연법因緣法이란 곳 오온법五蘊法에 기基한 자者로서 실상實相에 본무本無할새 수도증멸修道證滅할 것도 무無하니)

무지無智라 역무득亦無得하야 이무소득以無所得일새 고故로

(이상已上 오온법五蘊法의 범부지凡夫智와 십이인연법十二因緣法의 연각지緣覺智와 사제법四諦法의 성문지聲聞智 등等 일체유위법一切有爲法의 유루지有漏智란 몽환포영夢幻泡影을 계집計執함과 여如하야 개시허망皆是虛妄일새, 일체유루一切有漏의 지智가 무無하고 따라서 유루有漏의 득得도 무無하며 생사유루生死有漏를 득得할 바가 무無함으로)

보리살타菩提薩埵는

(제상諸相의 무명운無明雲을 개개開開하고 비상非相의 불성일佛性日을 견견見見하는 개사開士는)

의반야바라밀다依般若波羅密多니 고故로

(무위법無爲法의 무루지無漏智로써 열반안涅槃岸에 도도到하는 법法에 의依함으로)

심무괘애心無罣碍요 무괘애고無罣碍故로 무유공포無有恐怖라 원리전도몽상遠離顚倒夢想하고 구경열반究竟涅槃하나니

(심心에 유루有漏의 괘애罣碍가 무無하고 괘애罣碍가 무無함으로 무명심無明心의 극단極端인 사액死厄의 공포恐怖가 무無해짐에 따라 일체一切의 전도몽상顚倒夢想을 원리遠離하고 열반涅槃에 구경究竟하나니)

삼세제불三世諸佛도 의반야바라밀다고依般若波羅密多故로 득아누다라삼먁삼보리得阿耨多羅三藐三菩提시니라

(삼세제불三世諸佛도 여차如此 수행修行하야 무상보리無上菩提를 증득證得하시나니라)

<유통분流通分 제삼第三>

고지故知하라 반야바라밀다般若波羅密多— 시대신주是大神呪며

(고故로 알아라 반야바라밀다般若波羅密多가 구경각究竟覺까지 성취成就하는 묘불가사의妙不可思議의 대총상법문大總相法門이며)

시대명주是大明呪며

(근진식根塵識의 제혹諸惑을 단斷하고 적멸寂滅을 증證하니 도무극度無極의 삼명三明과 육통六通이 생生하는 대방편大方便이며)

시무상주是無上呪며

(팔만장경八萬藏經을 독파讀破하고 천칠백공안千七百公案을 입증立證함보다 승勝한 법법法이며)

시무등등주是無等等呪니

(최상무비最上無比의 총지總持니)

능제일체고能除一切苦요

(이상以上 그대로의 해의수행解義修行이 견고堅固하면 다라니신통장多羅尼神通藏에 주주住할새 제마諸魔가 불침不侵이오)

진실불허真實不虛라

(일체一切의 허망상虛妄相을 이離한 실상實相의 지혜智慧라)

고故로 설반야바라밀다주說般若波羅密多呪일새
(고故로 이의 실상지實相智인 반야般若로써 도피안到彼岸하는 약법約法을
중설重說할새)

즉설주왈卽說呪曰
(곧 반야바라밀다般若波羅密多의 화두話頭요 공안公案이라 이를 더욱 단축
短縮하야 총괄總括하면)

아제揭帝 아제揭帝 바라아제波羅揭帝 바라승아제波羅僧揭帝 보디
사바하菩提娑婆訶라시니
(반야바라밀다주般若波羅密多呪 그대로 반야바라밀다般若波羅密多의 인인因
이 되고 과과果가 됨을 요지了知할지라)

개명심이蓋明心而 견성見性이오 견성이見性而 오도悟道일새 선수후오先修
後悟란 수수修는 미수迷修요 선오후수先悟後修란 수수修는 오수悟修니 수법修
法에 있언 강경講經이나 송주誦呪나 참선參禪이나 관법觀法이나 그의 방법
方法은 다소多少 차이差異가 유유有하지만 미迷·오悟의 경경境은 일야一也요 증
證이란 신증身證이며 오오悟란 심오心悟일새 신증심오身證心悟를 증오證悟라
운운云하나니라.

갑신춘甲申春 벽산한인碧山閒人 찬撰

우리 시대의 **불교 교리**

초판 1쇄 | 2023년 12월 15일

지은이 | 청화 스님

책임편집 | 무상 스님, 명원 스님
발행인 | 유철상
기획 | 본정 김영동
편집 | 홍은선, 안여진, 김정민
디자인 | 노세희, 주인지
마케팅 | 조종삼, 김소희
콘텐츠 | 강한나

펴낸곳 | 상상출판
출판등록 | 2009년 9월 22일(제305-2010-02호)
주소 | 서울특별시 성동구 뚝섬로17가길 48, 성수에이원센터 1205호(성수동2가)
전화 | 02-963-9891(편집), 070-7727-6853(마케팅)
팩스 | 02-963-9892
전자우편 | sangsang9892@gmail.com
홈페이지 | www.esangsang.co.kr
블로그 | blog.naver.com/sangsang_pub
인쇄 | 다라니
종이 | ㈜월드페이퍼

ISBN 979-11-6782-178-2(03220)